AIに意識は生まれるか

Will AI be conscious?

Ryota Kanai

金井良太

構成・佐藤喬

イースト・プレス

はじめに

僕がまだ三歳だったころ、家族旅行で北海道に行ったことがある。そのときのことだったと思うのだけれど、たぶん阿寒湖で、親が僕にマリモを見せてこう言った。

「このマリモはね、生きているんだよ」

その言葉から受けた衝撃を、僕は今も鮮明に覚えている。

といっても、まだ三歳児だったから「生命」とか「主観的経験」なんていう言葉は、もちろん知らなかった。ただ、そのときの衝撃を、大人になった今の僕の言葉で言い換えると、こんな感じになる。

「『マリモである』とは、どういうことなんだろう？　このマリモにも感覚はあるんだろうか？　あるとしたら、それはどういうものなんだろう？」

それからしばらく経ち、小学生のときの話。風が強いある日に、僕は一本の木が揺れるのを見ながら、こう思った記憶がある。

「この木は生きているんだろうか？　生きているなら、その場から動けずに風に吹かれ続けるって、どういう『感じ』なんだろう？」
子どもだった僕は、何がわからないのかもよくわからなかったけれど、研究者になった今なら、かつての僕の疑問に言葉を与えられる。

僕は、「意識」について知りたかったのだ。

意識を「作る」

もうひとつ、よく覚えていることがある。幼稚園生のころに読んだ、ある絵本のことだ。福音館書店の『宇宙』（1978）という絵本で、著者は、絵本作家で工学博士でもあったかこさとし（加古里子：1926〜2018）だった。読んだことがある読者も多いかもしれない。

最初は、ノミは体の何倍もの高さにも飛び上がれる……といったミクロな話からはじまり、そのうち人体や大気の構造を説明し、太陽系の解説になり、銀河系を美しく描き、最後は宇宙の果てからさようなら、という感じで絵本は終わる。

この本は、幼い僕に強い印象を残した。人間のスケールから大きく外れた、小さい、あるいは大きい世界があり、しかもそれらは物理法則によって、今、僕がいる世界とつながっている。そういう事実に、僕は強い感動を覚えたのだった。

今思うと、この本は僕が理系の科学者になるきっかけだった。そして、その後の僕はアインシュタインの伝記を読んだりして、物理学者を夢見るようになった。だが、その道のりは、ちょっと他の研究者とは違ったかもしれない。

現在の僕は、研究者として、**意識を「作ろう」としている。**

この本は、現在に至る僕の道のりをたどることで、みなさんにも備わっている「意識」の神秘と、それを神秘ではないものにする方法があることに気づくまでの道のりを、追体験してもらうことを目的にしている。

それだけではない。人工の意識は、僕たちの生活を大きく変えつつあるＡＩ（人工知能）と密接な関係にある。

もしＡＩが意識を持ったら、人類の将来は大きく変わる可能性があるからだ。

本書の流れ

この本では、研究者としての僕の半生を重ねながら、意識の不思議さと、意識をめぐる哲学的・自然科学的な理論を紹介していく。特にＰａｒｔ７では、「意識の統合情報理論」という、重要な理論を解説する。

そしてＰａｒｔ９では、人工意識について述べる。人工意識は単に新しい試みではなく、それまでの意識をめぐる理論の集大成でもあるから、順を追って読んでもらえるとありがたい。

できるだけ多くの読者に伝わるように、詳細は犠牲にして重要な部分だけを平易に解説したつもりだが、それでも内容は簡単ではないだろう。「意識」という大きなテーマの下ではあるが、哲学、言語学、神経科学、コンピューターサイエンス……と、内容が多岐にわたるからだ。ある分野の専門家であっても、他の分野を理解するのは難しいと思うが、意識という大きなテーマを理解するためには、特定の分野だけにとどまることはできない。

しかし裏を返すと、さまざまな分野の知見を動員すれば、意識の謎に挑むことができるという意味でもある。

意識は神秘的だが、決して神秘ではない。僕は意識を作ることで、そのことを示したいと思う。

ＡＩに意識は生まれるか　目次

Part 7

意識の統合情報理論

Part 1

世界はフィクションかもしれない

僕は、東京都の墨田区で育った。研究者には、生まれ育った環境からして特別な、エリートとでも言うべき人たちも多いけれど、僕は少し違った。小中学校は地元の公立校に通っていて、しかもけっこう荒れていた。

中学校時代には、近隣の地域でカツアゲが日常茶飯事のように起こっていた。それだけならまだしも、他校の生徒が「攻めて」来ることもあったのだ。僕自身、外を歩いていると不良たちに絡まれるようなことも珍しくなかった。

僕は勉強が好きだったから、そういう世界とはあまり馴染まなかったけれど、いじめられることもなかった。口喧嘩が強かったからかもしれないし、本をたくさん読んでモノを知っていたからかもしれない。

ただ、学校の雰囲気に「勉強をすることが格好悪い」という風な風潮があるのには困ってしまった。なにしろ、僕は勉強が楽しかったから。

でも、そんな地域だったので、「逃げるか／戦うか」みたいな選択を迫られる場面はよくあった。なので、後に役立つことになる、一種の思い切りのよさみたいなものを小中学校で身に付けた可能性はある。

このころになると、イギリスにケンブリッジ大学というすごい大学があることを知り、そこに留学して、研究してみたいと思うようになっていた。けれど、周囲ではサバイバルな毎日が繰り広げられていたので、その間にはずいぶんとギャップがあった。

物理学的な文学青年

中学校を卒業した僕は、私立武蔵高等学校に進んだ。自由で、独創的な生徒が多そうなイメージがあったからだ。漠然と、何かクリエイティブなことができるんじゃないかと思ったこともある。

少なくとも武蔵高校は、今でも東大や京大にたくさんの生徒を送り込む超難関校なので、「やっぱりエリートじゃん」と思われそうだが、ちょっと違う。

東京の難関私立高校を知っている人はわかってくれると思うけれど、武蔵を含め、そういう高校の多くは中学・高校の一貫制度を採用している（慶應義塾のように小学校を持つ学校もある）。だから、僕のように高校から入った生徒は、最初のころはちょっとした転校生のような扱いになる。中学校からいる生徒たちは皆、旧知の仲だから独特のノリを持っていて、僕はそこに入っていかなければならなかった。

それでも、武蔵高校は知的な刺激にあふれる、すばらしい環境だった。僕は相変わらず物理学者に憧れつつ、数学なんかも楽しく勉強していたのだけれど、少し変化もあった。それは、「文系的なもの」への関心が出てきたことだ。

まず、それまでは興味がなかった小説を読むようになった。現代文の授業で『舞姫』を読み衝撃を受けた僕は、その後島田雅彦や村上春樹、それから池澤夏樹の小説を読みふけった。必ずしもこれが理由ではないかもしれないけれど、高校生らしく「世の中は根本的には無意味なんだ」などと考えはじめたのもそのころだった。

また、哲学の影響もあった。そもそも「存在」とは何かを知りたくなった僕に、倫理の先生が勧めてくれたハイデガーの『存在と時間』を、電車の中で毎日、読んでいたことを覚えている。

そして毎朝、西武池袋線江古田駅から高校までの道のりで一緒になった同級生を相手に、読んでいる本の内容について議論した。ハイデガーの影響で、「人間のような観測者がいない場合でも、この宇宙は存在したと言えるのか？」とか「自分の見ている赤と他人の見ている赤は同じか？」や、「人と人は本当にわかり合えるのか？」など今につながる議論をしていた記憶もある。

幼稚園児の時に『宇宙』の絵本を読んで以来、僕が身に付けていたのは、唯物論的、物理的な世界観だった。つまり、世界はモノでできていて、モノどうしは法則に従って運動する。そしてその運動の様子は、数学的に記述できる。

そういう理系的な世界観と、文学的なものの見方との間には、けっこうなギャップがある。普通は、文系なり理系なりに進んだ段階で、もう一方の見方とは距離を置くようになるのかもしれないが、僕の場合は違った。

僕は、両者を結びつけられないだろうか、と思うようになっていたのだった。

絶対的なものは、ない

ある日僕は、現代文の授業で、言語哲学者の丸山圭三郎（1933～1993）の文章を読んだ。それは彼が専門としていた言語哲学者、フェルディナン・ド・ソシュール（Ferdinand de Saussure：1857～1913）について書かれたもので、言語学に興味がある人たちの間では有名な**「恣意性」**について書いたものだった。

僕たち日本人は、赤くて甘酸っぱいあの果物を「リンゴ」と呼んでいるけれど、**その「リンゴ」という音や文字とあの果物との間に、論理的な必然性はない。**何と呼ぶかの合意さえ社会にあれば、別に「シャキシャキ」と呼んでもいいわけだ。たとえば現に、英語圏ではあれを「リンゴ」ではなく「Apple」と呼んでいる。

この場合の「リンゴ」や「Apple」という言葉（記号）と、本物のリンゴ（意味）との関係は**あくまで社会や文化によって変化するもので、絶対性はない**ことを、「恣意的である」とソシュールはいう。だから、ある単語の意味は他の語との関係性で決まる。

この文章を読んだ僕は、はっとした。それまで悩んでいたことに対する、重大なヒントを手に入れたような気がしたからだ。

僕が考えていたのは、以下のようなことだった。

人間社会では価値観や倫理、法律といったさまざまなものが人の行動や考え方を強く規定している。人がそういうものによって悩んだり、喜んだり、互いに争ったりしているということを、僕は高校時代の読書によって知った。

しかし、それまでの僕が身につけていた物理的な世界観によると、どんなに複雑に見える運動も、意外と少ない法則や数式によって説明できたりする。現に、人はそのやり方で遠い月面まで宇宙船を送り込んだり、飛行機を飛ばしたりしているじゃないか。

ということは、結論の出しようがないように見える価値観や倫理を巡る問題も、数理的な、唯物論的なモデルによって整理すれば、クリアな結論が出せるはずだ。

そんなことを空想していた僕にとって、「絶対的なものは存在しない」と言っている（ように思えた）ソシュールの議論は、目からウロコだった。なぜなら、僕が悩んでいた価値観や倫理も、絶対的ではないかもしれないのだから。そうではなく、さまざまなものとの関係によって、相対的に決まっているのかもしれないというのだ。

そのころの僕は「誠実さ」や「善良さ」をどう定義すればいいのか悩んでいた。言うまでもなく、そういう概念の定義が個人や集団によって違うことが、さまざまな争いの元になっている。

ところが、いくら「誠実さ」の本質を探して、絶対的な誠実さを定義しようと思っても、堂々巡りになって上手くいかなかった。いったい、「誠実さ」そのものとは何だろうか？

しかしソシュール式に考えると、リンゴに絶対的な名前がないように、誠実さや善良さもまた、絶対の定義は持たず、相対的な関係性のみで決まることになる。つまり僕は、絶対的な「誠実さ」などないのではないかと考えた。

つまり、極端にいえば、人がすがっている価値や倫理は幻想にすぎない。その前提に立つならば、他の物との関係性でこれらに説明を与えることもできるんじゃないだろうか。

高校を出るころの僕は、そんな考えを持つようになっていた。幻想にすがって生きるしかない人間たちは、なんて弱い存在なんだろうとも思いながら。

京大吉田寮から即・退散

1996年、高校を卒業した僕は京都大学の理学部に進学した。

関東の高校から、わざわざ京都大学に行ったのは、大した理由ではなかった。当時理系でノーベル賞を取っている研究者は京大しかおらず、革新的な研究をやるなら東大よりも京大、みたいな漠然としたイメージがあったことと、実家を出てみたかったこと、あとは入試問題が他の大学よりシンプルだから、大学受験を意識して勉強しなくても、好きなことだけ勉強していれば受かりそうだと思ったのも理由だった。

ところが、学部生としての生活はさんざんだった。

一人暮らしの大学生はみんなこんな感じかもしれないけれど、まず、あっという間に昼夜逆転してしまったので、朝、起きられない。起きられないので、当然、講義には出られない。しかも、たまに大学に行っても、当時の京大の先生は「学生は大学に来なくてよろしい」みたいなことを言っていたりする。「講義に来ても、あらかじめ勉強をしていないと理解はできない。しかし、勉強をして内容を理解した学生は講義に出る意味はない」などと、丁寧に説得されたこともあった。

まあ、最近の京大はちゃんと講義をやっているとも聞くけれど、僕がいたころはそんな雰囲気が残っていた。

それよりも大変だったのは日々の生活だった。住むアテもないので、僕はかの有名な吉田寮（1913年築）に最初のころは入っていたのだが、80年ぶんのハウスダストのせいなのか、咳が止まらなくなって困ってしまった。周囲の学生もみな咳をしていたので、何かしらが潜んでいた可能性は高いと思う。

病気になるのも嫌なので僕は数カ月で吉田寮を出たのだけれど、当時の家賃が月に数百円くらいだった吉田寮とは違い、普通のアパートに住むには家賃がかかる。親から仕送りを貰うようになったが、そのほとんどは直ちに本になってしまうから、食べるものにも苦労した。僕はそのころ普及しはじめたインターネットの広告制作会社でアルバイトをしていたけれど、大して生活の足しにはならなかった。

しかし、今になって振り返ると、食うに困ってまで本を買った意味はあった。その後の人生を左右する本との出会いがあったからだ。

自分について語る自分

まず鮮明に覚えているのが、セース・ノーテボーム（Cees Nooteboom：1933〜）というオランダの作家の小説だ。

僕は、当時はまだ翻訳が少なかったノーテボームの哲学的で超現実的な小説に衝撃を受け、この作家を生んだオランダに、ユトレヒト大学への短期留学という形で行ってみることにした。三回生（三年生）の後期のことだ。

学部生での留学だから、特に専門性の縛りはなく、どの講義も自由にとれた。僕は興味の赴くままにさまざまな講義に出たけれど、特に印象に残っているのは、メタフィクションについての講義だった。

メタフィクションとは、フィクションではなく、フィクションについてのフィクション」だ。たとえば、映画の登場人物が、自分が出ている映画そのものについて語ったりする、凝った仕掛けのことを指す。

メタフィクションではしばしば、「あるものが、そのもの自身について語る」ということが起こる。いわゆる自己言及だ。

今思うと、僕は異国の地で、自分自身の興味の核に、ひたひたと近づいていたのかもしれない。自己言及は、意識を巡る議論でも、しばしばテーマになる概念の一つだ。

僕の意識とは、僕について語る僕である、と書いても間違いではないだろう。デビッド・ローゼンタール（David M. Rosenthal）らがとなえるハイヤー・オーダー・セオリー（Higher-Order theory：意識の高階理論）では、意識とは、ある心の状態についての認識が、その心の状態に備わっている状態、と定義される。

つまり、自分の状態についての認識がある状態、という意味で高次（Higher-Order）なので、こう呼ばれるわけだ。いわゆる「メタ認知」にも近い。

以前から僕は、小説などフィクションの世界の登場人物がどういう「感じ」なのかが気になっていた。マリモがマリモであることが、どういう感じか不思議だったのに似ている。子供のころの僕は『ドラゴンクエスト』などのビデオゲームで遊びながら、**モンスターの攻撃によってダメージを受けるキャラクターたちが、果たして痛みを感じているのだろうか、**などと考えていた。

もちろん、小説やゲームのキャラクターが実在しないことはわかっていた。しかしそういうキャラクターたちが生きるフィクションの世界にはフィクションなりの構造があり、その中で、彼らが感じている（ことになっている）痛みや感情がストーリーを動かす。つまり、存在しないはずの彼らの「感じ」にはちゃんと意味がある。

それは、現実の僕らとは何が違うんだろうか？　というのが僕の疑問だった。

絵本の『宇宙』が教えてくれたように、僕らが生きるこの世界にも物理的な構造があり、僕たちの「感じ」もそこに組み込まれている。たしかに、この世界の構造はゲームよりもはるかに複雑だけれど、枠組みとしては同じだ。

僕たちは実在して、キャラクターは実在しないことになっているが、そう言い切れるだけの根拠はあるのだろうか？

実は僕たちも、精巧なフィクションの世界を生きているのではないか？

そういう疑いを拭い去ることができなかった。

脳の中には幽霊がいる

僕は京大で、漠然と脳についての研究をやりたいと思っていた。卒業論文はなかったけれど、所属したラボでは脳の「小脳」と呼ばれる部位を研究していた。そこで僕は二回生のとき、マウスの眼球運動と、それを司る小脳との関係の研究を始めていた。そして、修士課程にいた先輩をファーストオーサー（筆頭著者のこと。その論文にもっとも貢献したとされる人）として、論文を書いてみた。出版されたのは学部の卒業後だけれど、これが人生最初の論文ということになる。

そのころには大学院への進学を既に考えていたが、「この分野でいこう」という確信は持てていなかった。僕は、脳を一種のコンピューターにたとえてその機能を解明しようとする計算論的神経科学（コンピュテーショナル・ニューロサイエンス）を専門にしたかったけれど、まだその研究分野について深い理解もなく、脳と数学への漠然とした興味と、格好良さ以上の感触は得られていなかった。

僕は京大の大学院にあまり魅力を感じず、アメリカの大学院に行きたいと思った。ところが、応募してはみたものの、日米の大学のシステムの違いに無頓着で、なんの戦略も持っていなかったせいで落とされてしまった。

僕は途方に暮れてしまったが、ちょうどそのころ、妙な論文と出会う。

それは“Three Laws of Qualia”（クオリアの3原則）という不思議なタイトルの論文で、超マイナー雑誌のJournal of Consciousness Studiesに掲載されていた。著者はウィリアム・ハースタイン（Willam Hirstein）とヴィラヤヌル・ラマチャンドラン（Vilayanur Subramanian Ramachandran：1951〜）というインド出身の神経科学者だった。この論文は後にサンドラ・ブレイクスリーとの共著、*Phantoms in the Brain*という題の本になり、邦訳（『脳のなかの幽霊』、角川書店、1999年）もされて有名になったのでご存じの読者もいるかもしれない。たしか、僕が「クオリア」という言葉に初めて出会ったのもこの論文を通してだと思う。

ラマチャンドランは、人間の脳や認知に起こる不思議な現象をまとめたこの本の終盤で、こう宣言している。「**意識を哲学的、論理的、概念的な問題としてあつかうのではなく、むしろ実験的に検証できる問題としてあつかう、新しい研究方法がある**」と。

そして、意識の研究で極めて重要な概念である「クオリア」についての議論を展開していた。

クオリア

クオリアとは、平たく書くと、**リンゴを見たときに感じる独特の赤さや、紙で手を切ってしまったときの何とも言えない嫌な痛みのような、言葉にし難い「感じ」を指す。**

重要なのは、**クオリアは徹底して主観的で、客観的ではありえない**点だ。

たとえば、僕が紙で指を切ったとしても、その痛みを感じられるのはこの宇宙で僕だけだ。他のすべての人間は、僕の痛みのクオリアを感じることはできない。

もちろん、紙で手を切ったことがある人なら、他の人の痛みを想像することはできるだろう。でも、それは自分の経験からの不確かな推測にすぎず、実際に感じているわけではない。だから、ある人にとって美味しい食べ物が別の人にはまずく感じられたりと、主観的な感覚のズレによって行き違いが生じることは珍しくない。

科学で説明するには客観的でなければならない。科学は、観測によって理論を検証するところが強みなのだが、検証にあたる部分が主観になってしまうため、意識的な経験を科学の対象にすることは難しい。少なくとも、現代でも多くの人はそう考える。

ラマチャンドランも書いている。「物理学者や神経科学者の客観的な世界観にしたがえば（中略）一人称の記述が必要になることはない——つまり意識は存在しないことになる」。意識は、「一人称の記述」でしか表現できないから、科学では扱えないということだ。

しかしラマチャンドランは、**この難題に科学的にアプローチすることは可能だ、**という。これだ、と思った。

僕は、自分の知りたいことにようやく出会うことができた。

Part 2
意識とクオリアの謎

クオリアについては、さまざまな哲学的な謎がある。たとえば、哲学者フランク・ジャクソン（Frank Cameron Jackson：1943〜）の思考実験「メアリーの部屋」に、僕はラマチャンドランの本を通じて出会った。

そこでは、こんなことが書かれている。

生まれつき色を認識できないが、人間の脳の働きについて完璧な知識を持っている科学者がいるとする（色が見えなくても科学的な知識を身に付けることはできるので、この前提は無茶ではない）。

さて、その科学者が赤色に興味を持ち、正常な色覚を持つ人間が赤い色を認識する仕組みを完全に解き明かしたとする。目の構造や赤い物体が反射する光の波長、脳の処理システムなど……を漏れなく調べ上げたのだ。

この知識は、科学的には100点満点だ。赤の認識に関わる客観的な情報を網羅しているのだから。

だが、この知識には決定的なものが欠けている。

赤のクオリアだ。赤色を認識できない科学者は、「赤」についての客観的な知識をどれだけ積み重ねても、「赤い感じ」という肝心のものを知ることはできない。

だからクオリアとは、科学的な記述を不完全にしてしまうものだと議論される。

意識のハードプロブレムとはなにか

ラマチャンドランの論文でクオリアを知ってから、意識を巡るさまざまな本を読むようになった僕は**「意識のハードプロブレム」**というものの存在も知った。これは1994年に哲学者、デイヴィッド・チャーマーズ（David John Chalmers：1966〜）が言い出したことで（有名な著書 *The Conscious Mind* は1996年に出版された）、脳や認知の研究はかなり進んだけれど、意識についてはハード（とても難しい）な問題が残されているぞ、という意味で使われる。

そのハードな問いとは、一言で書くと、**「クオリアの正体とは、いったい何なんだ？」**ということだ。

脳は物理的な実体で、その構造や仕組みもかなりの程度わかっている。また、意識やクオリアがその脳によって作られていることにも、ほとんどの科学者は同意している。

しかし、クオリアには物理的な実体がないように思われる。

たとえば脳には重さや大きさがあり、外科手術で物理的にいじることもできるけれど、クオリアを同じように扱うことはできない。僕が感じる痛みを冷凍保存してから他の人に移植して、その「感じ」を感じてもらう、というわけにはいかない。

原子や分子の集まりである物理的な脳から生まれる、物理的ではないクオリア。こいつはいったい、何なんだろうか。

意識の二つの側面

ここで押さえておいてほしいことが一つある。それは、意識には二つの側面があるということだ。

一つは、先ほど述べた「赤の赤さ」のクオリアのような、主観的な側面だ。色にせよ、音にせよ、物理的な刺激を脳が電気・科学的な信号として処理した結果にすぎないのだが、僕らはそれを信号としてではなく、クオリアとして「感じる」。

意識のこういった側面を「現象的意識」という。そして、現象的意識は、本人以外には観察できない。

だがもう一つ、外部から観察可能な意識もある。

たとえば、リンゴのみずみずしい赤さを感じた人間が食欲を覚え、リンゴを食べたとしよう。赤さのクオリアは現象的意識だから外部から観察できないが、「リンゴを食べる」という行動は観察できる。このように、情報として機能し、観察可能な現象を引き起こす意識の側面を、**「アクセス意識」**と呼ぶ。

先のハードプロブレムは、**「アクセス意識に、なぜ現象的意識が伴うのか」**という問いにも、言い換えられる。

アクセス意識の研究は進んでいるため、たとえば人がリンゴを見たときに、脳内でどのような情報処理がなされているのかは、かなりわかっている。

しかし、その情報処理から、なぜ、また、どのようにして、あの赤さのクオリアが生まれるのかはわかっていない。それがハードプロブレムだ。

哲学的ゾンビ

ハードプロブレムを理解してもらうための有名な思考実験に「哲学的ゾンビ」というものがある。

僕たち人間とまったく同じ生物がいるとする。物理的に100パーセント同じで、脳もちゃんと機能している。だからもちろん、ごはんを食べたり繁殖したりと、生物として問題なく活動している。高度な社会まで築いていて、映画を観たりスポーツを観戦したりして、喜んだり悲しんだりもしている。

しかしこの生き物には現象的意識がない。すなわち、主観的経験やクオリアが一切ない。だからゾンビなのだ。

そんな生き物はありえない、と多くの人が思うだろう。なぜなら、僕たちにとって現象的意識の存在はあまりにも自明だからだ。

しかし問題なのは、今の科学では、哲学的ゾンビの存在をまったく否定できないように見えることだ。なぜなら、クオリアが一切なくても、生物としてはなんの問題もないからだ。

哲学的ゾンビは表情豊かで、相手の感情を理解することもできるようだ。悲しい映画を観て泣いたりもする。寒いときには上着を羽織り、暑ければクーラーを入れる。そこにクオリアはまったくないのだが、脳が情報処理を行いさえすれば、クオリアがなくてもそのような行動はとれる。

科学は、宇宙の出来事のすべてを物理的な現象に還元して説明してきた。僕たち人間も、酸素や水素や窒素の原子が集まった物理的な実体にすぎないことがわかっているし、その説明が正しいことも間違いない。

でも、この世のものごとすべてが物理的現象の集まりならば、そこにクオリアなどという、物理的ではない不思議なものが存在するのはおかしい。つまり、僕たちは哲学的ゾンビでなければいけない。

それなのに、僕らはクオリアを感じてしまう。これはいったいなぜなんだろうか。物理的に説明できないものが、この宇宙に存在していいのだろうか。

クオリアは恣意的である

すでに気が付いている読者もいるかもしれないが、クオリアをめぐる問題は、少年時代の僕の関心とも無関係ではない。

あるとき僕は、**クオリアと、そのクオリアを引き起こす現実の物理的実体との関係は、まったく必然的ではない**ことに気づいた。

よくよく考えると、赤いリンゴと、そのリンゴを見たときに感じる「赤」のクオリアとの間に、物理的・論理的な必然性はない。たとえば、**赤を見たときに生じる感覚が（僕たちにとっての）「青」の感じであってはいけない必然的な理由はない、**ように思われるということだ。

「赤」に青さを感じ、逆に「青」に赤さを感じる人が存在したとしても、まったく不思議ではない。その人が「青」を見ると、僕にとっての赤を感じるわけだが、彼はそれを生涯「アオ」と呼び続けるだろうし、周囲の人も同じように「アオ」と呼んでいるのだから、社会生活やコミュニケーションに支障はない。

痛みを引き起こす生理的状態が、痛みのクオリアを引き起こす物理的な必然性は存在しない。痛みなど、そもそも物理世界には存在しないのだから。

もちろん、長い進化の歴史が、物理的な対象とクオリアとの関係を、ある程度決めてきた可能性は高い。ケガをしたときに痛みではなく快感のクオリアを感じる個体がいたとしても、長生きは難しそうだから、そういうクオリアと現実との対応関係を生む遺伝子は淘汰されてしまっただろう。

ソシュールを読んだ高校生の僕が、例の赤い果物と「リンゴ」という名前の関係が恣意的であることを知ったのに似て、物理的な実体とクオリアとの関係も絶対的ではないのに、なぜか絶対的に感じられる。赤が、青や緑に見える事態や、痛みが心地よく感じられる事態は、ちょっと考えづらい。

そのことに思い至って以来、僕には、**世界が一種のフィクションである**ように思えてきた。

僕たち一人ひとりにとっての世界は、さまざまなクオリアの総体だ。たとえば、僕らは世界にはさまざまな色がついているように感じるけれど、世界の物理的実体が着色されているわけではない。人間の脳や目の構造の都合上、特定の物体が特定の色のクオリアを生んでいるだけだ。

だから実際、目や脳の構造が違う他の動物たちには世界が違って見えているだろうし、同じ人間でも、色に反応する「錐体細胞」を一部でも持たない人や、その光波長への反応特性の異なる人の世界では、きっと異なるクオリアを感じているだろう。

その意味で色はフィクションでしかないし、他のすべての感覚もフィクションだ。そして、僕たちが感覚を通して世界に接している以上、我々に見えている世界そのものもある種のフィクションであると言わざるをえない。

ならば、僕たちはフィクションの中で、ただクオリアにすがって生きているということになる。

では、僕たちにとって唯一、確かであるクオリアとは、何なのだろうか。

ハードプロブレムにひるむな

ここまで駆け足で紹介したように、意識やクオリアは、ある種の神秘的存在であるように見える。なにせ、客観的観測に基づく従来の科学のやり方が通用しないのだから。

意識をめぐるこういった議論を知った僕も、おののくような感じに襲われた。クオリアは、僕が幼稚園児以来身に付けてきた物理的な世界観の枠を超えた存在だと思ったからだ。

脳や認知に関する研究はたくさんあるけれど、それらはどれも、ハードではないという意味での「イージープロブレム」を扱っているにすぎない（もちろん、それらの問題はまったくイージーではないが、少なくともハードプロブレムではない）。

イージープロブレムをどれだけ解決しても、ハードプロブレムは無傷で残り続ける。

しかし、すぐに別の考えも浮かんできた。

いかにも神秘的に見える意識の問題だが、**実はどこかに突破口があるんじゃないのか？**　みな、思考停止に陥っているだけではないか？

決して割れないように見える岩の塊も、ちょっとしたヒビから真っ二つになることがある。ハードプロブレムにも、どこかにそんなヒビがあるかもしれない。

そう思って「とっかかり」を探しはじめた僕は、クオリアの定義が非常にあいまいである点に、かすかなヒビを見出した。

クオリアの分析

意識についての本で、クオリアについての説明を読むと、どれも「赤の赤らしさ……」くらいの記述で終わってしまう。間違っているとは思わないし、僕も先ほどは、そのくらいの説明でお茶をにごした。

しかしよく考えると、十分な定義とはいえない。

たしかに、赤や青といった色を見たときに生じる感じは、クオリアかもしれない。丸や三角を見たときの感じもそうだ。

では、特定の人の顔はクオリアを生むのだろうか。なるほど、「○○さんらしさ」を感じる以上、クオリアと言っていいかもしれない。

だがしかし、そのクオリアはどういう構造なのか？　その人の目とか鼻とかのクオリアが集まって一つのクオリアを構成しているのか、それとも新規のクオリアなのか。

あるいは同じ赤にしても、視野の右側に見えた赤と視野の左側に見えた赤は同じクオリアなのだろうか？　主観的には、まあ同じと言ってもよさそうだけれど、脳での情報処理は違う場所でなされている（右視野の情報は左脳に入り、左視野の情報は右脳に入る）。それなのに、なぜ同じになるのか？

それに、クオリアには質だけではなく、受ける印象の程度の違いもあるように思える。同じ赤のクオリアにしても、実際に赤いものをみたときと、頭の中で思い浮かべたときとでは、後者の方が印象が弱い。

日常ではあまりない状況だが、心理学の実験で使うような特殊な機械で、図形などの刺激をミリ秒単位で提示したときのクオリアは、同じ刺激をしっかり見たときよりもぼんやりして、薄い。「視覚的にぼやけている」「薄く見える」という意味ではなく、本当に見たのかどうか確信が持てないという意味で、クオリアの存在自体が弱くなる。

クオリアをミステリアスな存在として神聖視せずに少し考えてみると、科学的な突っ込みどころは少なくないように思えた。

クオリアを定義する

意識をめぐる問題でもっとも神秘的に思えるクオリアに科学のメスを入れるためには、まずはクオリアを、可能なかぎり明確に定義しなければいけない。

もちろん、クオリアを定義しようとした試みはある。哲学者ダニエル・デネット（Daniel Clement Dennett：１９４２〜）の１９９１年の著書 *Consciousness Explained*（邦訳『解明される意識』青土社、１９９８年）によると、哲学の世界では、伝統的に、クオリアには以下の四つの特徴があるとされる。

1. 言語によって表現できない（ineffable）
2. 内在的である（intrinsic）
3. 個人的な体験である（private）
4. 直接的に感じられる（immediate）

4だけわかりにくいので補足すると、immediateとは、「クオリアは直接に感じられるが、そのクオリアがもたらす情報を知識として得られるわけではない」さまを指す。赤の赤さを感じるときには、「赤いものがそこにある」という知識を得ているのではなく、直接に赤さを感じている、ということだ。

この特徴はなかなか興味深い。というのも、前に書いたハイヤー・オーダー・セオリーなど意識の理論の中には、クオリアが生じる条件として、「意識している自分についての意識」という、つまり直接的ではないメタ認知が重要だとするものもあるからだ。すなわち、非直接的な認識があって、はじめて直接的なクオリアが生じるという主張だ。

一方で、クオリアはそういうメタ認知とは無関係に生じるとする科学的な主張もある。いずれにしても、4は研究の対象にしやすい特徴ではある。

しかし、1〜3はどうだろうか。クオリアの定義としてはもっともに思えるが、科学的に研究しようとしたときには、扱いにくい特徴ばかりだ。

別の表現をすると、この定義は、先ほど紹介した現象的意識/アクセス意識という分け方をしたときの、現象的意識としての側面ばかりを問題にしているように見える。その意味では、正しいかもしれないけれど、あまりいい定義ではない。むしろ、クオリアをますます取り付く島もない存在にしてしまう定義ともいえる。

クオリアを科学の対象にするためには、暫定的なものでよいので、アクセス意識としての、あるいは機能的な側面を重視した定義が必要だ。

クオリアの機能的な定義

ここで再び、先のラマチャンドランに登場してもらおう。彼は、当初クオリア3原則として提案したものに四つ目を加えた「クオリアの四大法則」で、クオリアの機能的な特徴に注目して定義している。そのため、とても科学的に建設的だ（取り付く島がある）。

ラマチャンドランが2001年にとなえた「クオリアの四大法則」の内容は次の通りだ（Ramachandran, Vilayanur S. & Hirstein, William (1997). Three laws of qualia: what neurology tells us about the biological functions of consciousness. Journal of Consciousness Studies 4 (5-6):429-457　Ramachandran, V.S.; Hirstein, W. (2001). "Synaesthesia – a window into perception, thought, and language". Journal of Consciousness Studies. 8 (12): 3–34.）。

1. 撤回することができないし、疑うこともできない（irrevocable and indubitable）
2. 柔軟に自由な目的や行動に利用できる（flexible）
3. 短期記憶に残るような表象を作り出す（short-term memory）
4. 注意と密接な関係があり、第二項の自由な目的に利用するために注意が必要となる（attention）

以下、一つひとつ解説する。

1　撤回不可能性

撤回不可能性というのは、たとえば赤いリンゴを見たときに、赤いクオリアが生じることから逃れることはできず、「今日は青のクオリアでリンゴを見てみよう」などと、自分の意思でクオリアの質を入れ替えたり、クオリアをなかったことにしたりすることはできないという意味だ。

一部の錯視を例にとってもわかりやすい。同じ線分の長さが違って見えてしまう。

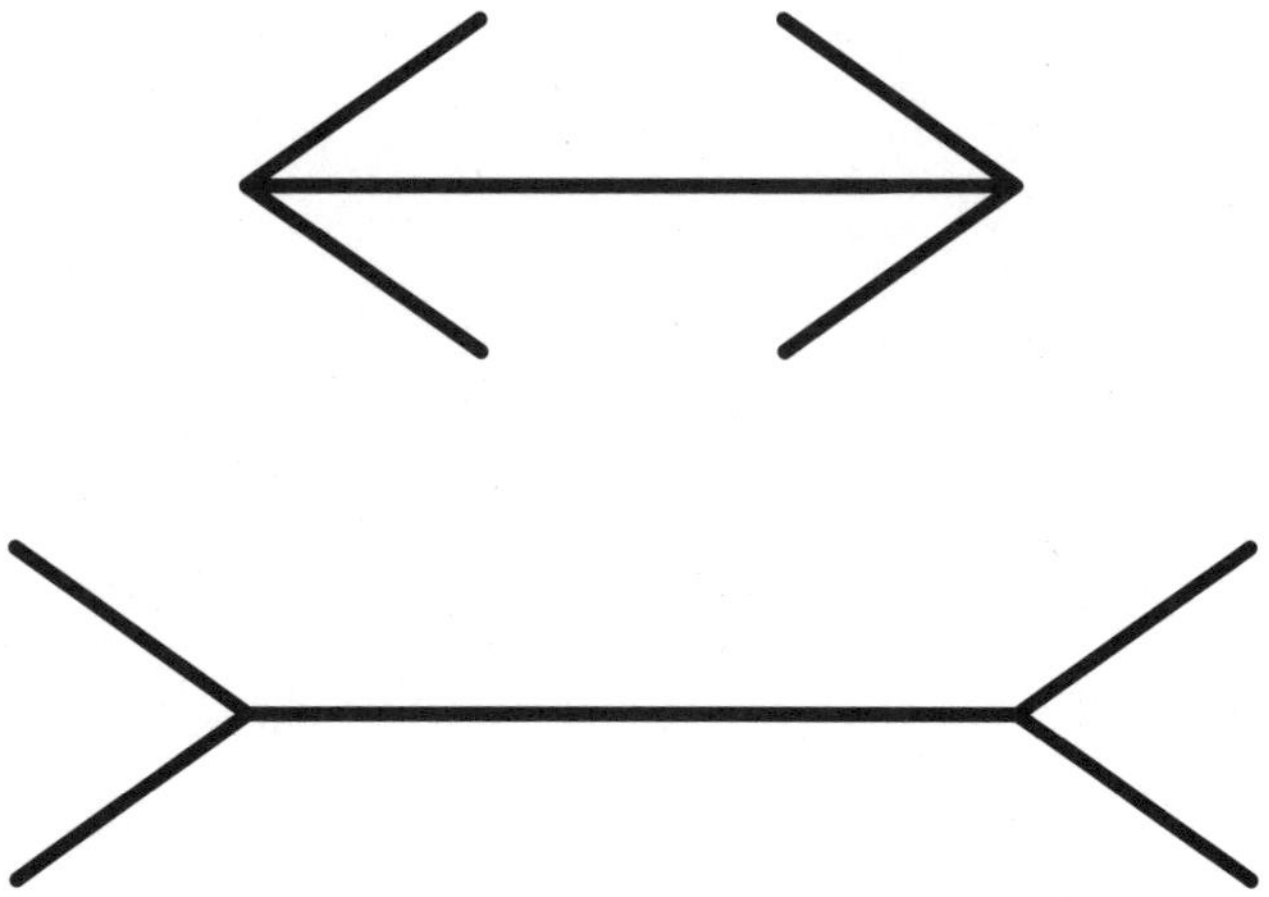

図1 ミュラー・ライアーの錯視
中央の直線の長さは上下いずれも等しいが、上のほうが短く見える

有名な「ミュラー・ライアーの錯視」というものがある（図1）。つまり、上下で長さのクオリアが違うわけだが、実際に定規を当てるなどして計ってみると、実は長さは等しいという「知識」が得られる。

ところが、**その知識を持ってクオリアを修正することはできない。**何度見ても、長さは違って感じられるはずだ。

撤回が不可能であるという特徴からは、ある重大なことが示唆される。

それは、**クオリアは僕らの意思とは別に、自動的に作られるということだ。**あるいは、錯視の例からわかるように、知識などの影響によっては変えられない領域で生じているともいえる。

脳での情報処理の過程についてはたくさんの科学的知見があるため、この特徴は、クオリアと対応する脳活動や神経回路網の特徴を探す際の強力な武器になる。だから、建設的なのだ。

2 クオリアの柔軟性（フレキシブル）

二つ目のflexibleとは、クオリアは、感じた当人にとっての有益な情報として、いろいろな目的に使えるということだ。

ここでは、その対極である、無意識の反射を例にとるとわかりやすい。

たとえば、人間は恒温動物なので、周囲の気温が変わっても、人体は一定の温度を保とうとする。この反応は無意識に起こる反射なので、意識を必要としない。つまり、暑さや寒さのクオリアを感じなくても、体温は一定に保てる。

だが、暑さ寒さにせよ、リンゴの赤さにせよ、感じることができたクオリアは情報として利用できる。**クオリアには実用性があるのだ。**

もちろん、情報としての実用性があるのはクオリアに限った話ではなく、意識に上った情報一般に当てはまる話ではある。しかし、クオリアの神秘性を突き崩す突破口の候補ではあると思う。

3　短期記憶との関係

クオリアがクオリアとして感じられるためには、その刺激が短期記憶に保持されなければいけないということだが、これは議論があり、クオリアの特徴であるとは断言できない、と僕は考えている。「短期記憶に残らない現象的意識」があるとする立場もとれるためだ。

4　注意との関係

ここでいう「注意」(attention) と0は、科学的な用語だ。

人間の脳には膨大な情報が入力されているが、意識に上るのはその一部でしかない。しかし、意識に上っていない情報も、注意を向けることで意識することができる。ざわざわしたパーティ会場ではさまざまな音が耳に入るが、注意を向けると、特定の音声だけを意識できる。

ラマチャンドランはクオリアが生まれるためには注意が必要だと言っているわけだ。なんとなく納得する人も多そうだけれど、実は、現代の意識研究では注意と意識を分けて考えるようになっているため、このラマチャンドランの主張は支持されていない（Part6で詳しく説明する）。だが、**当時は、意識と注意との区分がはっきりしていなかったのだ。**

以上の四つの特徴を改めて振り返ると、3と4はクオリアそのものの特徴というより、クオリアが生じた後の現象を指していて、定義として少しズレている。このようにラマチャンドランの提言以降の研究の進歩で否定されたものもある。

しかし、繰り返しになるが、クオリアをまったく触れることのできない神秘的な存在として扱わず、機能的な特徴を見つけようとするこの提言は素晴らしい。このやり方なら、クオリアを科学の対象にすることはできる。

意識への関心の三段階

ここまで僕は、クオリアや意識を神秘化せず、科学的に研究する方法はあると書いてきた。

現在からの観点も交えているので、学部生だった当時の僕がここまで考えていたわけではないが、「クオリアを科学の対象として扱える」可能性が開けていることに感動したことは間違いない。

意識に関心を持つ人は、次の三つのステージをたどるように思われる。

まず、クオリアや意識の存在、そしてその不思議さに気づくこと。

本書を読んでくれている人は当然、この段階をクリアしていると思われるけれど、実は、ここは低くないハードルだ。他分野の研究者でも、そもそも意識の何が不思議なのかがわからない、という人も少なからずいる。もしかしたら、そういう人は哲学的ゾンビなのかもしれないが……。

次に、意識の文献などを読んで「ハードプロブレム」の存在を知ることだ。多くの人は、「ハードプロブレムなんて解けっこない」と絶望するだろう。いくら脳や神経細胞の活動を調べても、意識の究極的な解明にはつながらないように見えてしまう。学部生のころの僕もそうだった。

だが、それは実は早合点だ。思考停止に陥らず、冷静に考えてみると、難攻不落に思えるハードプロブレムには突破口がある。そこに気づくことが第三ステージだ。

現在の僕は、ハードプロブレムは、最終的には「溶けてなくなる」と考えている。しかし、その考えにたどり着くためには、長い研究と、表に出ない思考の積み重ねが必要だった。

Part 3

意識を研究する

学部生だったころの僕にはライバルがいた。京大の同じラボにいた、土谷《つちや》尚嗣《なおつぐ》という同学年の学生だ。

ズケズケとモノを言う遠慮のないヤツだったが、どうも、僕と同じような研究に対する関心があるようで、しかも、やはり留学を考えているようだった。

四回生のとき、夕方のラボのミーティングの後で、度々僕は土谷と北部キャンパスの裏にあったサラサという店に向かい、脳に限らず、実にいろいろなことについて話をした。あまりに長く喋っているので、店のおばさんに「面白い話をしているねえ」と言われたこともあった。

実際、面白かったのだが、土谷も僕もまだ学部生なので、まだまだ知識には限界があった。だから勉強のために、当時サービスが始まったばかりのAmazonで意識についての洋書をずいぶん買い、二人で読んでいた。ラマチャンドランやチャーマーズ、デネットの本を読んだことを覚えている。

ちょうどその年、愛知県の岡崎市にある生理学研究所で、意識に近いテーマの研究者を世界から集めたシンポジウムが開催されることになっていたので、海外の研究者を相手に、英語で意識の議論をしようと、土谷と僕の勉強のモチベーションは上がっていた。

特に僕たちが目を付けていたのは、ニコス・ロゴセシス（Nikos K. Logothetis：１９５０〜）という、ドイツのマックス・プランク研究所から来る研究者だった。僕たちはNatureなどの雑誌で彼の論文を読み、彼の研究に強い興味を持っていた。

意識を抽出する両眼視野闘争

当時のロゴセシスは、「両眼視野闘争」（Binocular Rivalry）と呼ばれる現象の研究をしていた。両眼視野闘争とは、ある人間の右目と左目に、それぞれ違う画像を提示したときに起こる。

想像してほしい。多くの人は二つの目玉を持つが、同時に二つのものを知覚することはできない。そんな人間の両目に、同時に異なる画像AとBを提示すると、面白いことが起こる。見ている人間からすると、画像AとBとが数秒おきに入れ替わるように感じられるのだ。

実はこの現象は、科学の対象にしづらい「意識」を研究の対象にするための、重要

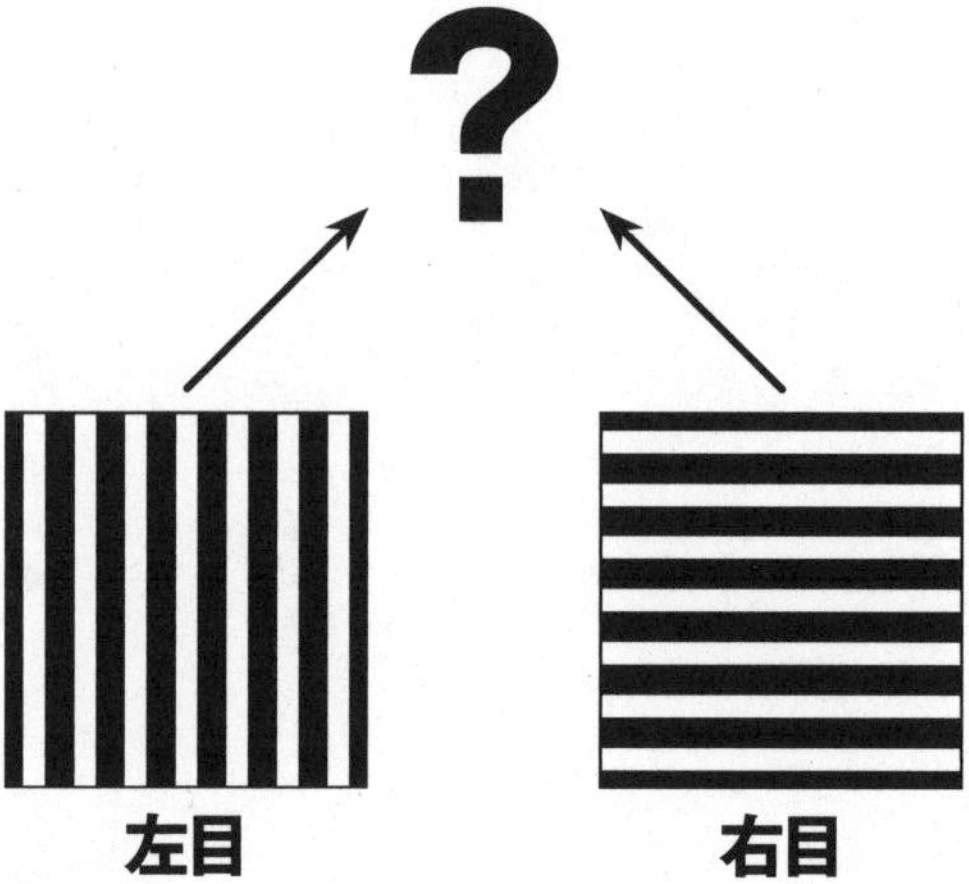

図2 両眼視野闘争
右目と左目に異なる刺激を提示すると、二つの画像が交互に入れ替わるように知覚される

な突破口の一つだ。なぜなら、**「物理的な刺激は変化していないにもかかわらず、知覚だけが変化する」状況を作り出すことで、いわば意識を抽出できるからだ。**

これは「双安定知覚」といって、主観を変えている「何か」が存在する、つまり意識の研究において大きな糸口となるのだが、詳しくはPart4で説明する。

実際のロゴセシスの研究はもっと複雑なものだったが、僕らは、意識という極めて扱いにくいテーマに対し、実験的・科学的にアプローチする研究が存在することに感激した。

意識を科学的に研究することは可能なんだ。
僕と土谷は興奮しながら、将来のための「修行」として、二人だけの英語でのジャーナルクラブを続けていた。

クオリアは下ネタである

このエピソードには、お目当てのロゴセシスが何らかの理由で来日できなかった、というオチがつくのだけれど、もちろん僕らの勉強が無駄になることはなかった。ただ、勉強の過程でわかってきたのは、ロゴセシスたちの奮闘にもかかわらず、意識の科学的研究は簡単ではないということだった。

今でこそ「意識（consciousness）を研究しています」という看板をかかげる研究者は少なくないが、僕や土谷が意識の勉強を始めた2001年ごろの科学の世界には、まだまだ「意識」という言葉を使うことがはばかられる雰囲気があった。なんとなく「怪しそう」だと思われていたからだ。

もし今、「私は魂を科学的に研究しています」という研究者がいたら、相当、怪訝な目で見られるに違いないと思う。それは、「魂」という概念があいまいで、とても科学の対象にならないからだ。意識も、かつては似たような扱いだったと想像してほしい。

だから、当時の研究者は、あまり「意識」という言葉を使いたがらなかった。業界では「Cワード」と呼ばれていたくらいだ（下品な言葉を意味する「Fワード」をもじったものか）。

その代わりというわけではないが、当時の意識研究でよく見かけた言葉は「Awareness」（気づき）や「Attention」（注意）だった。Part2の、ラマチャンドランの「クオリアの四大法則」でも紹介した通りだ。日本語で「気づき」というと自己啓発っぽくて怪しいと思われそうだけれど、これはれっきとした認知科学の用語だ。

Awarenessは、人などが、「自分が何かについて知っていることを、知っている」状態を指す。僕の考えでは意識とAwarenessはほぼ同一なのだが、Awarenessという単語からは、現象的意識ではなくよりアクセス意識のほうに重きを置いているニュアンスを感じる。ここは実は意識研究について大変重要な点なので、詳しくは後のPart6で説明しよう。

意識でさえそのような扱いなのだから、クオリアという言葉なんて、もっと口にしづらかった。だいぶ後、僕が研究者になってからの話だけれど、恩師の一人で、意識についての著書もある下條信輔さんに、**「クオリアは下ネタだ」**と言われたことがある。意識を科学の対象にすることは難しいのに、みなが勝手なことを言いたくなる危険な魅力がある、というようなことだったと思う。

もちろん冗談半分ではあったけれど、意識を研究するということは、それほど難しいことなのだった。

研究者になれないかも？

意識の研究者になることを決めた僕だったが、進学先は決まっておらず、行き先がないことには変わりはなかった。

日本で研究者を目指す場合、大学の学部課程をまず修めて、大学院の修士課程から博士課程、とステップを上るのが一般的だ。しかし、僕はアメリカの大学院に落ちてしまったから、京大を卒業した時点ではどこにも行くアテがない。

そこで僕は、再びオランダに行って「浪人」することにした。学生ではないけれど研究ができる、日本の大学でいうリサーチアシスタントのような立場でロッテルダム大学の医学部に所属し、大学院を探すことにした。

ところがある日、ライバル・土谷から連絡が入り「カリフォルニア工科大学のクリストフ・コッホ（Christof Koch：1956〜）のラボに行くことになった」という。

コッホは、意識の研究を世界的にリードしている研究者だ。次の章で詳しく説明するように、コッホは、神秘的だと思われがちだった意識を実験科学の対象にするための道筋を整えた研究者。羨ましくなった僕は、土谷を追って「カルテク」（Caltech：カリフォルニア工科大学の略称）に入ろうと受験したのだが、また落ちてしまった。

海外の大学院の受験は学部とは違い、基本的にペーパーテストはなく、推薦や研究業績によって決まる。なので、さほど実績もない僕が落とされたのは無理もないのだが、さすがに困り果ててしまった。

院が見つからないのも大問題だが、それ以前に、オランダからアメリカに行く費用も、カリフォルニアでの滞在費用も当然、自腹だったので、お金がなくなってしまったのだ。少しばかりの奨学金で、オランダで生活していたものの、かなり厳しい生活だったのだが、なんとかオランダに帰り着いたころの僕の手元には、日本に戻る飛行機代すら残っていなかった。

もう研究者になるのは無理かもしれない、と思いはじめた矢先、かつて通ったユトレヒト大学に、フランズ・フェアストラーテン（Frans Verstraten：1963〜）という人が教授としてラボを開くことを知った。彼は、外的な刺激と主観的な感覚・知覚との関係を研究するサイコフィジックス（psychophysics：精神物理学）を専門にしていて、特に、僕が意識の研究の突破口の一つになると考えていた、「モーション・アフターエフェクト」（Motiom aftereffect）の研究をしていた。

クオリア世界のほころび

モーション・アフターエフェクトとは、一種の錯視だ。日本語では運動残効と呼ぶ。有名なものに「ウォーターフォール・イリュージョン」（waterfall illusion：滝の錯視）と呼ばれるものがある。これは、水が上から下に落ちる滝の動画を見た後に、特に動いていない別のものを見ると、下から上に動いて見える錯視だ。

この現象は、クオリアが作り出す主観世界と、客観的な物理世界との間に不整合が生じる一例だ。見ているものは客観的には動いていないにもかかわらず、動いているようなクオリアが感じられるのだから。

このような錯視が起こる仕組みは複雑だが、一言で書くと、クオリアが脳内に作り上げた精巧なフィクションとしての世界に生じた、わずかなほころびとなるだろうか。

ゲームでも映画でもいいが、制作者が精魂込めて作り上げたフィクション世界に、ちょっとしたバグが見つかってしまうことがたまにある。中世を舞台にした映画に現代の小道具が映り込んでしまったり、複雑なストーリーに矛盾が生じたり。すると、フィクション世界に没入していた視聴者も、「これはフィクションなんだ」と気づく。モーション・アフターエフェクトのような錯視も、それに似ている。脳はさまざまな物理的刺激をクオリアとして示すことで、僕たちが意識する世界を作り上げているのだが、それはフィクションでしかない。

そのフィクションは極めてよくできているので、僕らはフィクションだということを忘れてしまうのだが、脳もごくまれにミスを犯すことがある。それが錯視だ。

だから僕は、錯視は、なかなかスキを見せない意識に科学的にアプローチできる貴重な手段だと考えていた。

僕はユトレヒトに行ってフェアストラーテンの面接を受け、ＯＫをもらえた。それが意識の研究者としての第一歩だった。

Part 4

意識のありかを探せ

2001年、僕はフェアストラーテンのラボで、博士課程の学生になった（海外では修士課程をスキップするのは珍しくない）。給料も、今の日本円の感覚で月20万円くらいは出たので、どうにか生活することはできた。もっとも、相当の貧乏生活ではあったが。

僕が研究テーマに選んだのが、当時の意識研究でホットだった「意識と相関する神経事象」すなわち、**Neural correlates of consciousness（NCC）**を見つけようとする試みだった。

NCCとは、特定の意識を生み出すのに十分、かつ最小限の神経活動の事象を指す。平たく書くと、**ある意識に対応した脳内で起こる物理的事象**のことだ。NCCは、意識を神経科学の対象とするために、フランシス・クリック（Francis Crick：1916〜2004）と先述のコッホがまずは探すべきだと提唱していたものだ。

彼らの狙いはこうだった。

意識やクオリアをいきなり科学の対象にしようとしても、難しいかもしれない。だから、まずはその第一歩として、どういう脳の神経活動が意識に対応しているのかを見つけよう。すると、突破口が開けるかもしれない……。

クリックはＤＮＡの二重らせん構造を発見してノーベル賞をとった研究者だ。思うに、ＮＣＣ探しを始めたときのクリックは、生命に対するＤＮＡが遺伝情報を担う核であるように、意識の核となる部分みたいなものを念頭に置いていたのかもしれない。「生命」というと、神秘的で、議論の対象にするのは難しいように思える。だが彼はＤＮＡという、いわば生命の本体を見つけたことで、その議論を容易にした。同じことを、まだ神秘的な意識に対してもやろうとしていたのではないだろうか。

ＮＣＣという言葉は使わなくても、意識と関連した脳内の事象を探そうとする試みは、それ以前にもあった。しかしクリックとコッホが偉かったのは、見つけるまでの道筋を整理して示すことで、意識を科学の俎上に載せたことだった。こうして１９９０年代末には、ＮＣＣ探しが意識研究の最先端になっていた。

ＮＣＣの探し方

クオリアには視覚、聴覚、触覚……とさまざまな感覚器官に関係したものがあるが、ＮＣＣでは特に、視覚のクオリアについての研究のレベルが高かった。

視覚的なNCCを探すための作戦は、おおざっぱには次のようなものだ。

まず、脳を外から観察する手段を用意する。その道具には、当時最先端だったfMRI（functional magnetic resonance imaging）などが使われた。これは磁気を利用して脳内の血流量の変化を計測し、活発に活動している場所を特定するもので、病院で脳などのチェックに使われるMRIを応用したものだ。

次に、実験の対象となる人に視覚的な刺激を提示しつつ、その脳の動きを観察する。実験対象者が刺激を見たときに活発になる部位が見つかれば、そこがNCCだ……というわけにはいかない。

このような、単純に目に見えたときの脳の活動、「視覚入力刺激に相関する神経活動」（neural correlates of stimulus：NCS）は、必ずしもNCCではない。なぜなら、そういうニューロンの「発火」（電気信号を発すること）は、意識を伴わないことも多いからだ。

たとえば、ある視覚刺激が一瞬だけ提示され、すぐに別の刺激に入れ替わった場合には、一つ目の刺激は意識に上らないことがある。すなわち、このときのニューロンの発火は意識とは相関していない。

また、NCSのうち、「行動と相関する神経活動（neural correlates of behaviour：NCB）」も、

やはり必ずしもＮＣＣではない。

これは、パソコンの画面上の物体が右に動いたときは右手でボタンを押し、左に動いたときは左手でボタンを押す、という実験を考えてみるとわかりやすい。このような状況では、「右手を動かせ」と指令を出している脳の神経活動が、あたかも「意識」と関係しているように見えてしまう。この実験における「手を動かす行為」のような指令の神経活動が、脳内で処理されて僕たちの行動に影響を及ぼすことがあるが、そういう場合の神経活動は、やはり意識とは相関がない。

ＮＣＣをそれ以外の神経活動から区別するためには、**ＮＣＣ・ＮＣＳ・ＮＣＢのうち、少なくとも一つを「固定」したまま他の要素のみが変化する状況を作りたい**（Frith, C. ,Perry, R., & Lumer, E. (1999). The neural correlates of conscious experience: an experimental framework. Trends in Cognitive Sciences, 3(3), 105-114. doi:10.1016/s1364-6613(99)01281-4）。のための手法の一つが、「双安定知覚」を使うことだった。

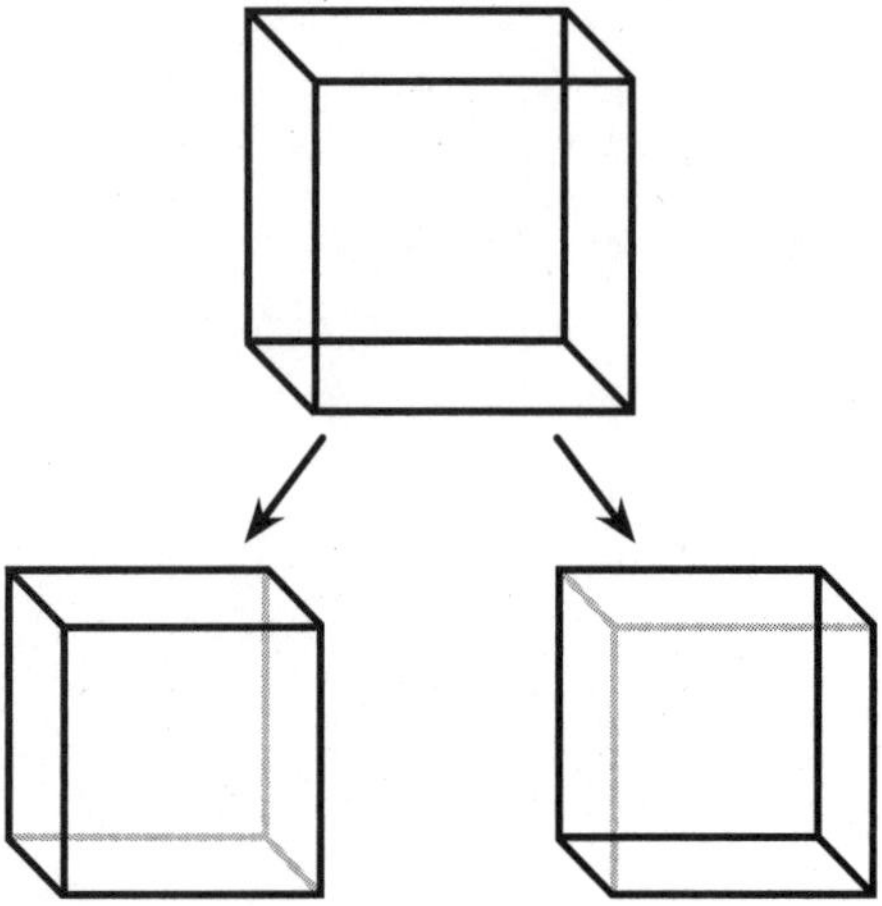

図3 ネッカーキューブ
二通りの見え方があるが、それらが同時に知覚されることはない

NCCを絞り込む方法とは

なんだか非常に難しい話をしているようだが、双安定知覚については実物を見てもらった方が早い。

72ページの図3を見てほしい。「ネッカーキューブ」と呼ばれるこの図形は、双安定知覚を引き起こす視覚刺激の一つだ。

イラストの通り、ネッカーキューブには二通りの見え方がある。**だが、「同時に二つの見え方を感じる」ことはない。**すなわち、一方の見え方を感じているときには、他方の見え方は意識には上らない。しかし、ネッカーキューブは物理的にはまったく変化していない。

このように、双安定知覚は、**「刺激は一定なのに主観的な意識だけが変化する」**という不思議な状況を作り出せる。それはつまり、NCS（視覚刺激の変化に相関する）を固定し、NCC（主観的な意識に相関する）を切り離して取り出せるということだ。

またそれとは別に、**「主観的な意識は一定だが、刺激は変化している」**という状況を作り出すことも有効だ。たとえば、高速で赤と緑を交互に提示すると（フリッカー刺激）、主観的には赤と緑が統合された色である黄色が見える。

このように赤＋緑のフリッカー刺激は、黄色と主観的には同じクオリアを生むのだが、脳内でのニューロンの反応は異なることがわかっている。このときの脳内での反応はNCSだ。こうして、視覚刺激に相関する神経活動であるNCSから、意識とは相関がない神経活動を除外できる。

さらに、ちょっと想像しづらいかもしれないが、「主観的な意識は変わらないが、行動は変わる」という不思議な状況もある。

「視覚性失認」と呼ばれる珍しい症状はその一例だ。これは脳の損傷によって、対象の色や形状、運動など、特定の要素だけが認識できなくなる症状を指す。

たとえば、D.F.というイニシャルで研究者に知られているある女性は、目は見えるのだが、物体の形を認識できないことで知られていた（物体失認という）。彼女にポストの口のような穴を見せても、彼女はその穴が縦なのか斜めなのかを答えられない。形を認識できないからだ。

しかし興味深いことに、カードをそこに差し込むように指示すると、彼女は見事に成功する。つまり、**穴の形は意識には上っていないが、運動を司る脳の領域には届いていて、行動を規定している**ということだ。脳のその部位は意識とは関係ないわけだから、やはりNCCではなくNCB（行動と相関した神経活動）であることがわかる。

このような実験を繰り返すことで、脳内のさまざまな神経活動から、NCCの候補を絞り込もうというのが当時の手法だった。

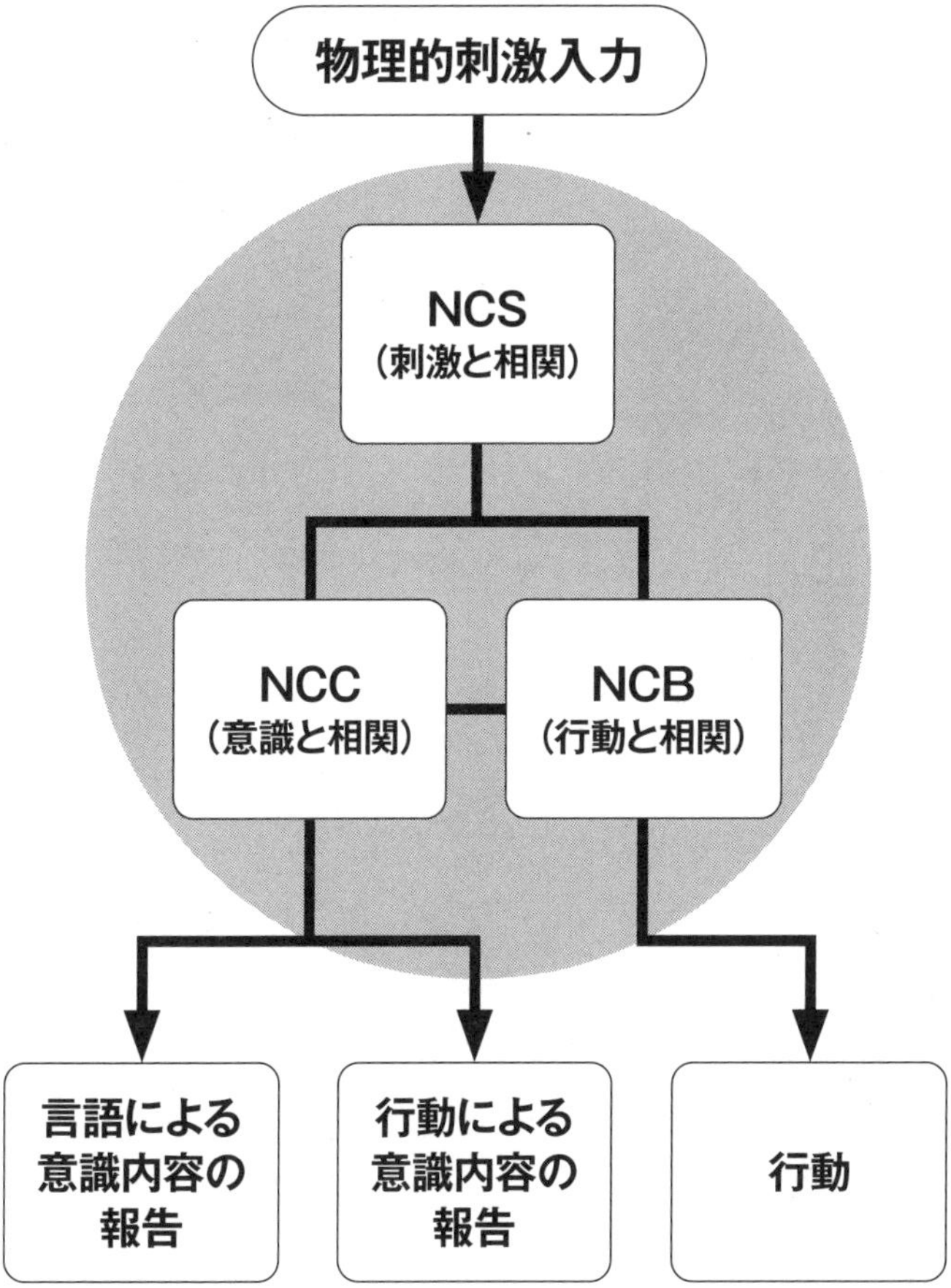

※Frith et al.(1999)に基づいて作成

図4 NCC探し
NCCを特定するための枠組み。NCSのうち、NCBではないものがNCCとなる

視覚が意識されるまで

　僕が専門的に研究していたのは視覚的な刺激だったので、僕たちの脳がどのようにモノを見ているかについても、簡単に説明しておこう。

　視覚情報の処理は、よく知られているように、目玉の奥にある網膜に光が飛び込むところから始まる。重要なのは、この時点で神経細胞の「役割分担」が始まっていることだ。網膜の神経細胞にはいくつかの種類があり、特に「色をしっかり見分けるけれど、情報伝達速度は遅い」ミジェット細胞と「情報伝達速度は速いけれど、色の情報はあまり持っていない」パラソル細胞を押さえておく必要がある。

　次に、これらの神経細胞の情報は脳の中央にある視床の「外側膝状体（LGN）」という部位に向かうのだが、ミジェット細胞からの情報とパラソル細胞からの情報は別のルートで送られ、内容も違う。前者は「パーボ経路」と呼ばれ、色などの詳細な情報を、後者は「マグノ経路」と呼ばれ、おおざっぱだが素早い情報処理を担当する。

LGNの次は、やはり二つのルートで大脳新皮質の、低次の第一次視覚野（V1）に向かう。

前段階の外側膝状体のニューロンは主に対象の「点」に反応し、それ以上の複雑な情報はまだ扱われない。が、V1になると、線分の傾きや運動に反応するニューロンが現れる。

そしてその後は、より複雑な情報を処理する「高次」（V2〜V4）の視覚野に向かう。マグノ経路は、物体や景色の動きなどの視覚情報を素早く処理し、身体の運動を担当する「背側経路」へと続き、パーボ経路は、色や形といった詳細情報をじっくり抽出し、物体や顔の認識や記憶に関わる「腹側経路」へと続いている。

まとめると、

- 視覚情報は、単純な情報を受け取る低次の領域から複雑な情報を受け取る高次の領域へと送られる
- 脳には多数の視覚野があり、それぞれが運動や奥行き、色、形といった特定の情報を担当している

・視覚情報処理の経路には、大きく分けてパーボ経路とマグノ経路があるということだ。

以上はかなり単純化した説明だが、サルなどを使った研究で、90年代にはすでに視覚情報処理の流れは明らかになっていた。

問題は、視覚のクオリアが、この一連の流れのどこで生じるかだった。

意識は高次の視覚野で生じる？

学部生時代の僕と土谷が会えなかったロゴセシスたちは、その前の1996年に、低次の視覚野では意識に関連した神経活動は少なく、高次な視覚野になるほど意識との関係が強くなる、という研究を発表していた。

パーボ経路の先にある「腹側経路」の高次な視覚野では、ニューロンは人の顔やヘビといった、複雑な特定の視覚刺激に反応するが、サルを使った実験では、そういう領域でのニューロンの発火は、実に90パーセントが意識の内容に沿っていたという報告もあった。そしてヒトでも、腹側経路の高次領域に意識と関係の強い領域があると言われていた。

また、前後するが1995年、クリックとコッホは、「低次視覚野であるV1のニューロンは、直接は意識に関係しない」という仮説をとなえていた。なぜなら、Part1で触れたラマチャンドランの主張のように、クオリアには情報としての価値があるように思われるが、V1の領域は、計画や実行を担う前頭前野に直接はつながっていないからだ。

この仮説を支持する実験結果も少なくなく、僕がNCC探しの研究に加わったころには、**視覚のNCCは高次の視覚野のどこか特定の場所で生じるのではないか、**という雰囲気ができあがっていた。

カリフォルニア工科大学へ

このように博士課程での僕は意識の研究ができる楽しさを味わいつつ、NCCの研究を進めながら視覚のクオリアが脳のどこで生まれるのかを探していた。

視覚についての実験を繰り返すオランダでの毎日は楽しかった。ただ、少し想定外だったのは、ｆＭＲＩを使えないことだった。僕はそのうち、ｆＭＲＩを使い、脳を直接観察できないかと思い始めた。

書いたように、僕はカルテク（Caltech：カリフォルニア工科大学）を落ちてユトレヒト大学の博士課程に入ったのだが、受験のためにカルテクに滞在したときに、いろいろな研究者からよい刺激を受けることができた。

だから僕は、ユトレヒト大学に所属しつつも、冬は3、4カ月くらいカルテクに行き、そこの教授になっていた下條さんのラボで過ごすことにした。オランダの冬は寒いが、カルテクのある南カリフォルニアは暖かかったこともある。

ＮＣＣの弱点

ＮＣＣ探しは、意識についての研究を単なる思弁の対象にとどめるのではなく、実験科学の俎上に載せる革新的な試みだった。僕はその熱の中で若手研究者として過ごしたのだが、先回りをして現在の考えを記すと、当時のＮＣＣ探しはまもなく行き詰まりを見せることになった、といえる。

理由はいくつかある。

一つは、その後の多くの研究により、「意識は特定の部位やニューロンで生じる」という、**「意識の局在性」が怪しくなってきた**ことだ。

ｆＭＲＩを使ったＮＣＣについての実験が多く行われるようになると、低次の領域でも意識の内容と相関する神経活動が見つかるようになった。それはつまり、ＮＣＣが脳の特定の場所（高次領域など）に局所的に存在するのではなく、もっと広い範囲にある可能性も出てきたということだ。このあたりは、専門家の間でも議論が分かれるところだ。

したがって、脳と意識との関係を理解してＮＣＣを見つけるには、脳の部位どうしの相互作用やネットワークなど、脳内の情報処理の側面に着目しなければいけないのだが、それは簡単ではなかった。なぜなら、技術的な制約が多かったからだ。

ここまで触れなかったが、ｆＭＲＩは、時間的・空間的にあまり精密な観察はできなかった。脳内での情報のやりとりは、非常に微細なレベルで、しかも高速で行われるので、ｆＭＲＩでは拾いきれないのだ。

今は技術が進歩し、僕が博士課程にいたころよりもずっと細かい観察ができるようになった。だから、NCC探しが興味深い研究であることは間違いないのだが、僕が20代だったころは技術的制約が大きかった。

また、NCC探しが進み、細かい実験がたくさん行われるようになると、「意識とは何か」ということをもっと厳密に定義する必要が出てきて、議論がややこしくなってしまったこともある。

実験を繰り返し、視覚のNCCらしき現象を突き止めたとする。しかし、それをもって「視覚クオリアの発生源を突き止めました」ということにはならない。

というのも、書いたように、当時は意識と注意との区別があいまいだったから、見つかった神経活動が意識ではなく、注意に対応している可能性が否定できなかったからだ。あるいは、被験者に報告させるタイプの実験だった場合、「報告」に対応した神経活動である可能性もある……という具合で、実験に関する議論がシンプルではなくなってしまう。

さらに、もっと根本的な問題もある。それは、もしNCCが見つかったとしても、「なぜ特定の神経活動がクオリアを生むのか」という問いへの答えにはまったくならないということだ。

クオリアと関係している脳内の物理的な現象を突き止められたら、たしかに、意識研究にとっては大変な発見だ。だがそれは、クオリアとは何で、なぜ生まれるのかという問いへの究極的な答えにはならない。

Part 5

クオリアが作り出すフィクション

オランダでもカルテクでも、博士課程での僕は視覚の研究に熱中していた。

クオリアの例としてしばしば「赤の赤さ」が挙げられるように、視覚的な経験は、僕たち人間にとって、もっとも確かなものの一つだろう。

しかし、モーション・アフターエフェクトのような錯視を研究すればするほど、その確かさは揺らいだ。主観的な視覚と客観的な世界が一致しないケースは少なくないのだ。

だが、とっくにそのことを知っていた人たちもいた。それは、一部のアーティストだ。

僕は研究に没頭しながらも、息抜きにジュリアン・スタンザック（Julian Stanczak：1928〜2017）やマーク・ロスコ（Mark Rothko：1903〜1970）の、視覚の不確かさを突き付けてくるような不思議な絵を好んで眺めた。彼らの絵はいわゆる抽象絵画だが、錯視のような、不思議な知覚体験を生むことが特徴だ。僕は彼らの絵からインスピレーションを受け、研究のための、錯視を生むいろいろな画像を作った。

こういった抽象絵画を描いた人々に限らずもっと具象的な絵を描いた画家たちも、

客観的な世界をそのまま写し取っているのではなく、主観的な知覚体験を表現しているのではないだろうか。たとえばポール・セザンヌ（Paul Cézanne：1839～1906）の静物画には微妙なゆがみがあり、彼には世界があのように知覚されていたのかもしれない。

フィクションとしての世界

やがて僕は、画家たちの絵がフィクションであるのに似て、僕らにとっての世界もフィクションなのではないか、と考えるようになった。

赤い色を見ると、間違いなく赤いと感じる。青でもなく、緑でもないことは疑いようがない。

でも、それほど確かな経験なのに、物理的な世界に「赤」は存在しない。赤の赤さは脳が作り出したフィクションにすぎない。

物理的な世界には「痛み」や「赤さ」は存在しない。

別の表現をすると、**クオリアは、物理的な現実世界と脳とをつなぐ、非常によくできた**

インターフェースだともいえる。

脳は現実世界を直接に知覚しているのではなく、クオリアを通して感じ取っている。だからクオリアは、脳に対して「世界はこういう風になっているんですよ」とフィクションを見せつけているのだが、そのフィクションが非常によくできているので、研究者が凝った実験をやらないかぎり、なかなかボロを出さない。

時間のフィクション

ボロといえば、視覚だけではなく、時間の感覚についても、脳はフィクションを作っていることがわかっている。

博士課程のころは、何しろお金がなかったので、カルテクの下條ラボで寝泊まりしていた。起きている間はひたすら実験をし、疲れたらソファに横になって寝る、という生活だったのだが、あるとき、そこで不思議な夢を見た。夢の中で、「意識の謎を解くカギは時間にある」ということに思い至ったのだ。

もし部屋の中にアナログ時計があるならば、この文章から一瞬目を離し、秒針を見てほしい。その瞬間、時計の秒針が止まっているように感じられないだろうか？

でも実は、時計は壊れていない。目玉を素早く動かした直後には、時間の流れがゆっくりと感じられるのだ。これは「クロノスタシス」と呼ばれる、時間の知覚が狂う現象として知られている。

僕は夢の中で、このような錯覚も、フィクションとしてのクオリア世界がごくまれに見せるほころびの一種だと確信した。人の視覚のクオリアだけではなく、時間のクオリアもまた、僕らにフィクションを見せつけている。

意識と時間との関係についての研究は、大きく分けて二つあり、僕はその両方に手を出してみた。

一つは、「同時性」をめぐる研究だ。

カルテクの下條ラボにいたロミ・ニジャワン（Romi Nijhawan）という研究者が1994年に見つけたフラッシュラグ効果（Illusory flash-lag）というものがある。

91ページの図5のようにディスプレイ上で点を左から右に一定速度で動かすフラッ

シュラグの実験がある。この実験で、点が真ん中に来たタイミングで、点の真下で別の光の点をピカッと輝かせると、移動している光点が実際の位置（光った点の真上）よりも進行方向、つまり右に少しずれて見えるのだ。

つまり、動いている物体が、フラッシュよりも時間的に先の位置にあるように知覚されるのだ。このような錯覚が生じる理由についてはいくつかの説があるが、おおむね、「脳が、刺激が知覚されるまでのタイムラグを調整しようとした結果」だと考えられている。

網膜に達した光が視覚のクオリアとして感じられるまでには複雑な情報処理が必要で、0・1〜0・3秒ほどの時間がかかる。諸説あるが、信号が脳の深いところまでたどり着くまで0・1秒かかり、さらにクオリアが発生するまで、そこからまた0・2秒ほどかかっている可能性がある。つまり、あなたが今見ている世界は、少しだけ過去の世界なのだ。

もっとも、通常はそんな一瞬のズレは問題にならないのだが、見ている対象が高速で移動している場合にはそうはいかない。対象はクオリアが生じるまでの0・1秒の間にも動くから、今、見えている場所にはすでにいないことになってしまう。

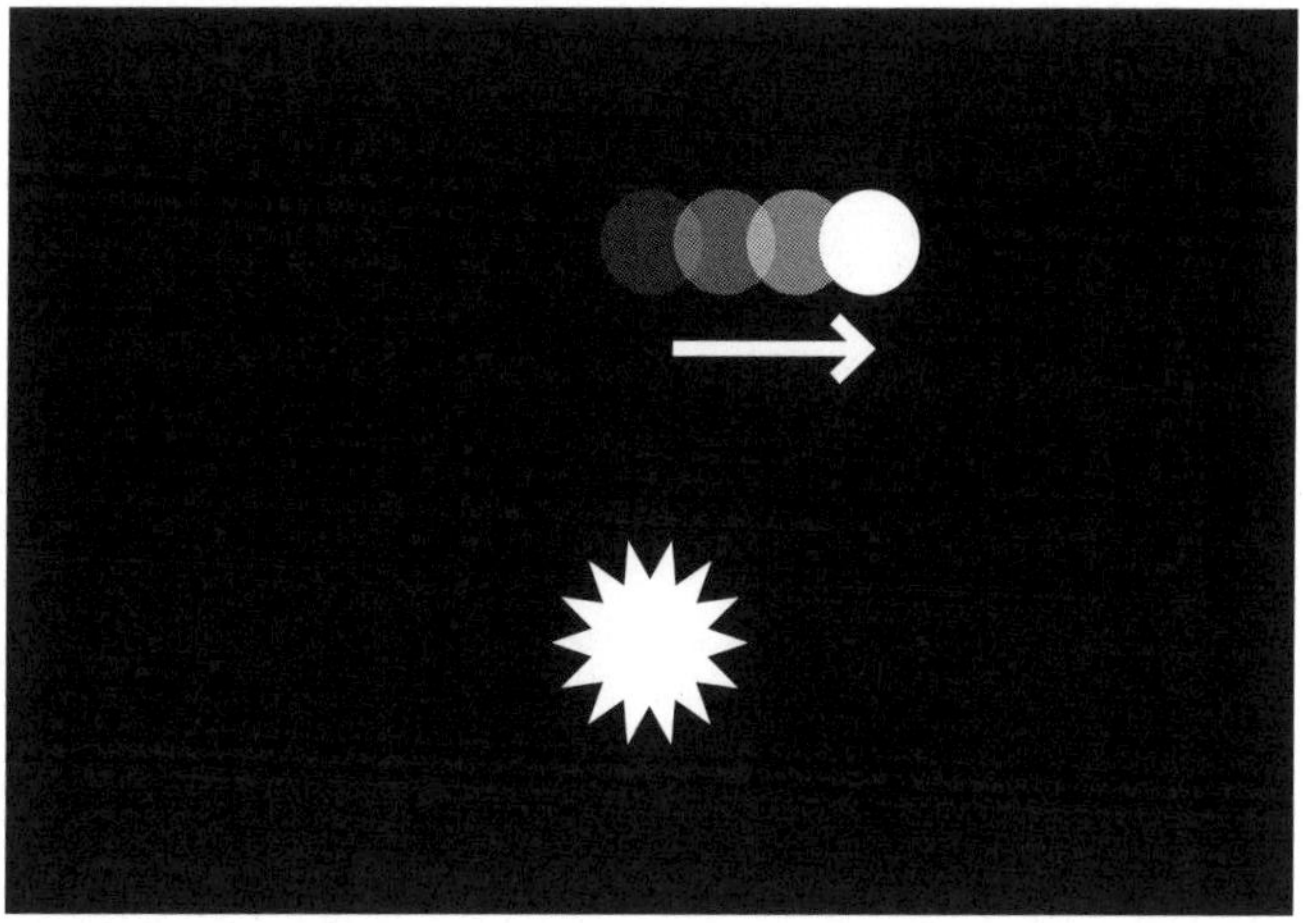

図5 フラッシュラグ効果
移動する点が中央に来たタイミングでフラッシュを輝かせると、点が実際の位置よりも進行方向（右）にあるように感じられる

そこで**脳はこのズレを解消すべく、見ている対象の0・1秒後の位置を予想し、それをクオリアとして見せてくれているというわけだ。**これはいわば、時間的なフィクションといっていいだろう。

人がある動作をしようとするより0・2秒ほど先に脳内ではその準備が始まっている、という研究が有名なベンジャミン・リベット（Benjamin Libet：1916〜2007）も、実は時間的な錯覚の実験を手掛けている。脳と皮膚に同時に刺激を加えたときにどちらが先に感じられるか、という実験なのだが、非常に興味深いことに、皮膚への刺激の方が先に感じられるのだ。

皮膚への刺激が脳に達して感覚になるまでには時間がかかるから、客観的には、脳への刺激のほうが先に感じられなければおかしい。しかしそうならないのは、フラッシュラグの実験のときのように、脳が情報伝達のタイムラグを打ち消そうと、フィクションのクオリアを作り出しているからだと考えられる。

こういった同時性だけではなく、時間の長さのクオリアにも再構成による創作、すなわちフィクションは入り込んでいる。クロノスタシスにちょっと似ているのだが、被験者に見せる画面をピカピカ点滅させると、点滅がない静的な画面よりも時間が長く感じられることを僕は発見した。その理由は今でもよくわかっていないが、脳が時間のクオリアを調整していることは確かだ。

そもそも、「今」という感覚からして、かなり怪しいではないか。脳内ではさまざまなモジュールが異なるタイミングで異なる仕事をしているわけだから、「今」は複数あっていい。それにもかかわらず、一つしかないように感じられる「今」もまたフィクションであり、どのように決まるのかを知りたかった。

つじつまを合わせる脳

こういった研究は、**いわば、クオリアが作り上げているフィクション世界のほころびに、時間からアプローチしようとする試みだった。**僕は錯視の研究と並行してこういう研究もしていたので、二つの方向から、フィクションとしての世界に挑んでいたことになる。

研究すればするほど、現実というフィクションはよくできていると痛感した。脳ではいろいろなモジュールが別々に動いているのだが、意識はそれぞれのモジュールが処理した情報をそのままとめて映し出すのではなく、つじつまを合わせるためにいろいろな修正をほどこし、再構成している。

つじつま合わせの内容には諸説があり、フラッシュラグのように未来を予測したシナリオを見せられているという説もあるし、注意を向けるための脳のリソース分配が時間の感覚に影響しているという説もある。いずれにしても、時間の感覚もまた、フィクションなのだ。

僕は博士課程を終えてからも、時間と意識との関係の研究にはけっこう長く関わった。この分野はとても面白いのだが、研究をしている人は少ない気がするので、まだまだ可能性があるジャンルだと思う。

ヒーリング・グリッドと周辺視

脳がフィクションを作り出す仕組みを実際に体験してもらうために、僕がカルテクにいたときに、スタンザックの絵にインスパイアされて作った「ヒーリング・グリッド」という図形を紹介しよう。96、97ページの図6がそうだ。見ての通りグリッド（格子模様）だが、周辺部のグリッドが崩れていることがわかると思う。

だが、グリッドの中央の×を20秒ほど見つめてほしい。崩れていたはずの周囲のグリッドが、きれいに整っていく（ヒーリング）はずだ。

こんな不思議なことが起こるのも、ここまで紹介してきた錯視と同じように、脳が刺激を再構成し、フィクションを見せつけているからだ。ただ、ヒーリング・グリッドは、その再構成をリアルタイムで経験できる点が特徴だ。

周囲の崩れた格子が修復されるのは、人がそれを「周辺視」で見ているからだ。視野の周辺の視覚である周辺視は、対象がくっきりと見える中心視とは違い、はっきりとは見えない。

この周辺視は意識研究のテーマの一つになっている。周辺視はぼやけて見えているのではなく、見えているように感じられるだけで、実際はあまり意識に上っていない、という説がある。実際、周辺視から脳に送られる信号は中心視のそれとは違い、すぐに弱くなることがわかっている。

では、なぜ信号が弱くなると現実とは違うものが見えてしまうのか？ それを理解するためには、意識研究でとても重要な**「トップダウン」と「ボトムアップ」**という概念を理解する必要がある。

トップダウンが作り出すフィクション

Ｐａｒｔ４で、網膜に入った光が視覚として知覚されるまでの道のりを簡単に解説

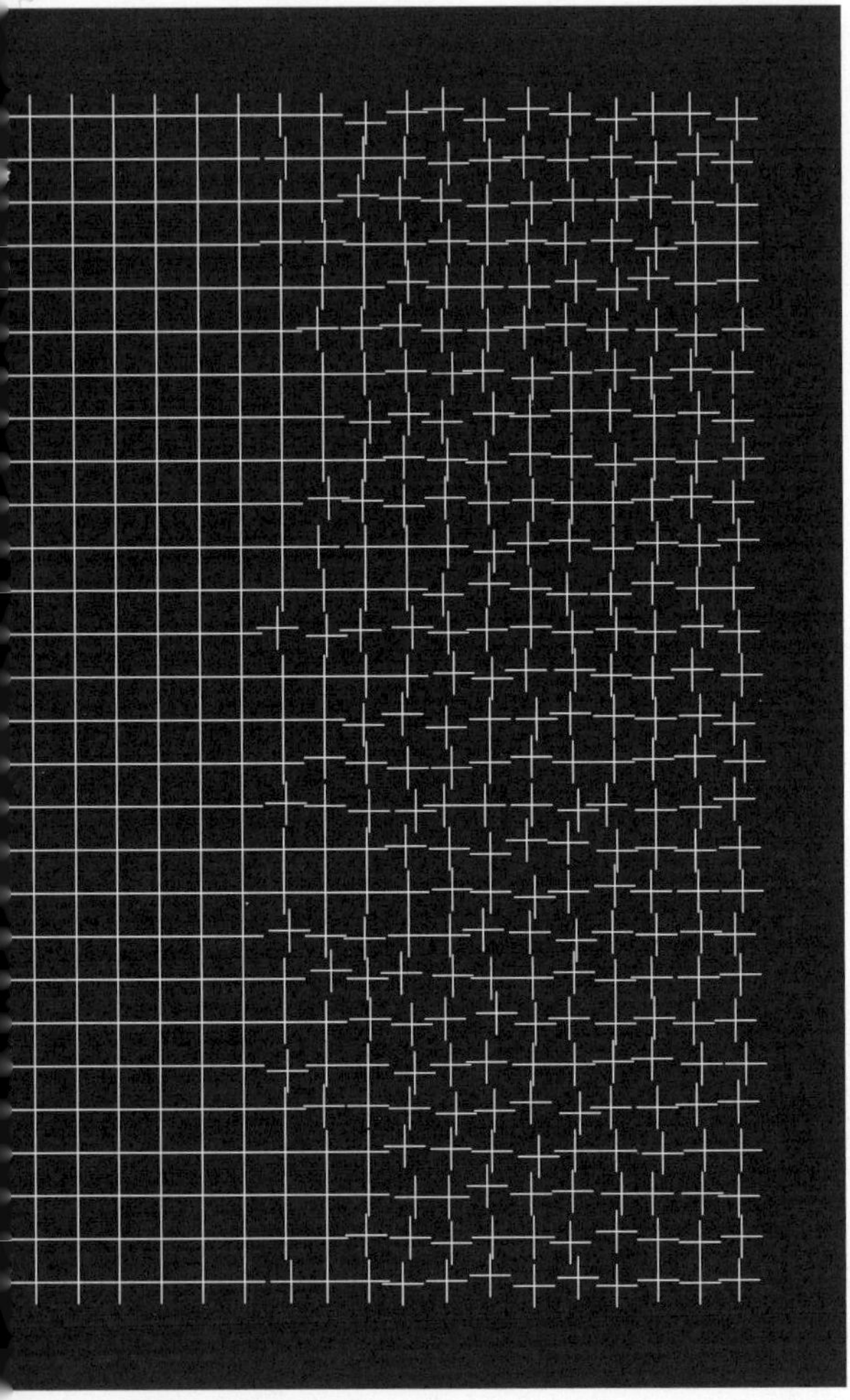

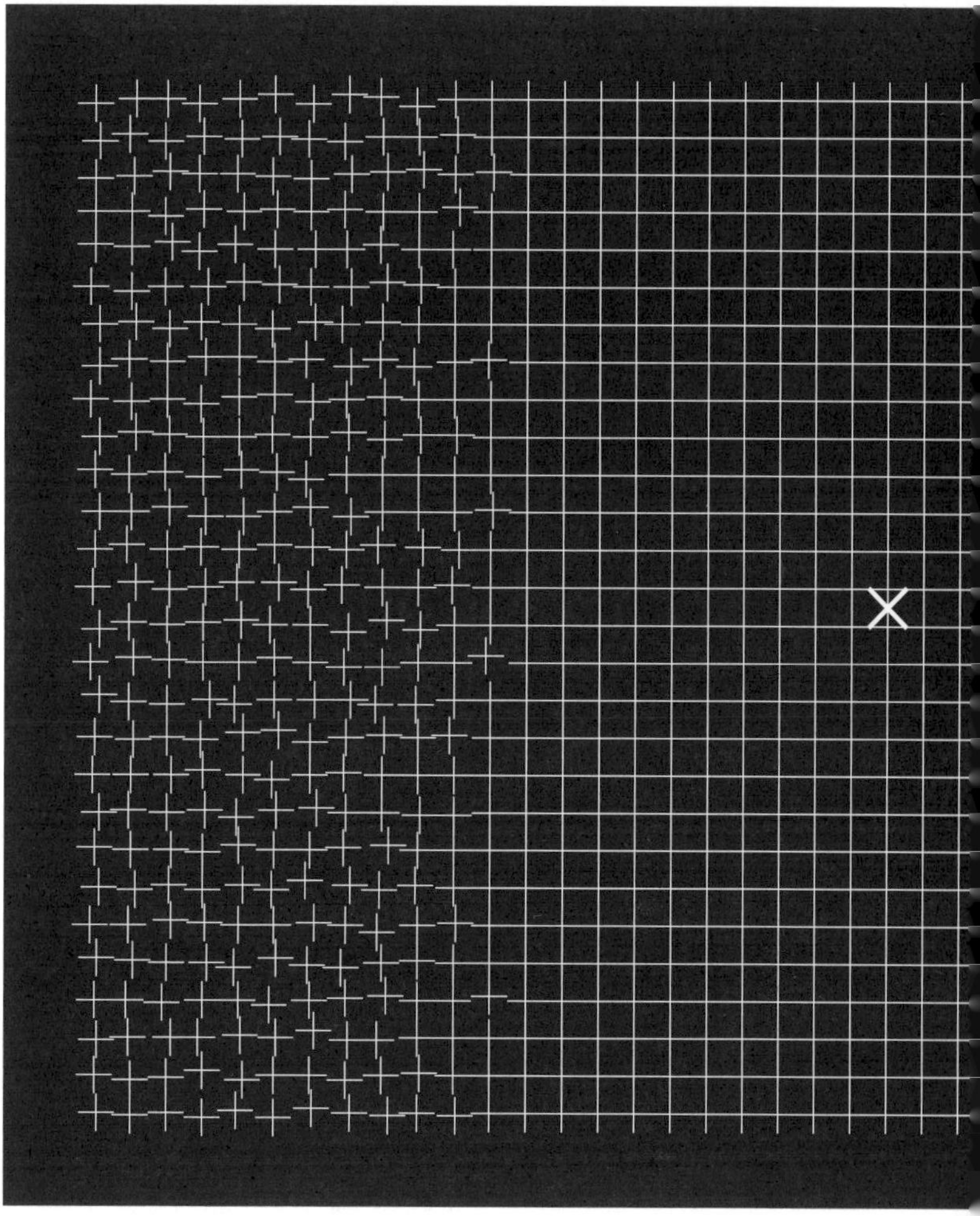

図6 ヒーリング・グリッド
中央の×を20秒ほど見つめる。すると、周囲の崩れているグリッドが修復されていくように見える

した。網膜の視覚刺激は、単純な情報を担当する低次の領域から、複雑な情報を処理する高次の領域へと流れていく。

このような、対象の刺激から始まる情報処理をボトムアップと呼ぶ。ボトムアップの経路のどこに視覚のNCCがあるのかを多くの研究者が探したが、どうも特定の場所で生まれるわけではなさそうであることは、書いた通りだ。

しかし、人の知覚はボトムアップだけによって作られるわけではなく、トップダウンの流れもあることもわかっている。トップダウンとは、脳がすでに持っている知識や情報などの文脈によって、ボトムから上がってくる刺激を解釈する働きを指す。そして、このトップダウンこそがフィクションを作り出している犯人かもしれないのだ。

ヒーリング・グリッドを例に説明すると、まず、パッと見た当初に周辺の崩れたグリッドが崩れたまま知覚されるのは、ボトムアップの流れが強く、刺激をそのまま伝えているからだと考えられる。

しかし、崩れたグリッドを見ている周辺視の信号はすぐに弱くなる。すると、トップダウン側の流れが強くなり、ボトムアップの流れを乗っ取ってしまう。

するとトップダウンは「中心視ではっきりと見えるグリッドが綺麗に整っているので、周辺も整っているだろう」という文脈によって刺激を解釈し、本当は崩れている周囲のグリッドを整えてしまう。周辺視がトップダウンの影響を受けやすいことはわかっている。

ヒーリング・グリッドを見たときに起こる不思議な知覚は、ボトムアップとトップダウンのせめぎ合いによるものだ。ただ何度も書くように、この図形では刺激を捻じ曲げてフィクションを作る様子がバレてしまったトップダウン処理も、普段は非常に巧妙に仕事をするから、その処理に気づくことは難しい。このヒーリング現象のようなことは、常に起きているかもしれないということだ。

そして、**僕たちが現実だと思い込んでいるクオリアの総体は、そういう脳の仕事によって作られたものかもしれない。**

トップダウン・ボトムアップとクオリア

トップダウンとボトムアップとのせめぎ合いのどこで意識が生まれているかは難し

い問題で、現在でも議論が分かれている。

先に提示された刺激Aが、後から提示された刺激Bに阻害されてしまい、刺激Aが意識に上らない「バックワードマスキング」と呼ばれる現象がある。先に出てきた刺激が後から来たものに隠されるのはおかしいように感じるが、知覚にはトップダウンとボトムアップの両方の流れがあることを踏まえると、この現象を説明できる。

まず刺激Aが提示されると、猛烈なスピードのボトムアップで、その情報が低次視覚野から高次視覚野まで流れていく。しかし脳は単に処理された情報をそのまま「この色は○○だな」「△△という文字だな」と意識にするのではなく、その前に、**無意識のレベルで仮説を作る**らしいのだ。

ヒーリング・グリッドの例だと、「グリッドは整っているだろう」という仮説が錯視を生んでいる。「この刺激はこういう風になっているんだろう」という仮説だ。

だが仮説は仮説にすぎないので、脳はその仮説が正しいかを検証する。どうするのかというと、トップダウン方向にフィードバックを行い、「この仮説、正しいよね?」ということを確かめるのだ。

さらに意識については、仮説が正しいことが確かめられると、「よし、じゃあクオリアとして意識させよう」とGOサインが出て、意識に上る、と少なくとも僕は考えている。

つまり、ボトムアップの情報がそのまま意識になるのではなく、トップダウン方向での仮説検証を経てOKが出た情報だけが、意識に上るということだ。

ところが、先の実験だと、トップダウン方向のフィードバックで仮説を確かめようとしているところに次の刺激がボトムアップでやってきてしまうので、仮説検証が行えず、最初の刺激Aは意識に上ることができない。だから、後から提示された刺激Bだけが意識されるという仕組みだ。

トップダウンと意識との関係については研究も多い。

僕は、トップダウンの流れとボトムアップとの流れが出会ったときに、脳内で情報の共有が発生し、それが意識になるのではないかと思っている。これは、後で説明する「グローバル・ワークスペース理論」のブロードキャスト（脳内の多数のモジュール間で情報の共有が起こり、その情報が意識に上ること）に相当するのではないかとも考えている。

脳が無意識で仮説を立て、それを確かめることまでやっていると聞くと突飛なアイディアに思われるかもしれないが、そのような理論の歴史は古く、19世紀の物理学者兼医師だったヘルマン・フォン・ヘルムホルツ（Hermann Ludwig Ferdinand von Helmholtz：1821～1894）まで遡れる。

ヘルムホルツはエネルギー保存則の確立に貢献したり、三原色の研究に名前を残したり（ヤング＝ヘルムホルツの三色説）と功績が多い人物だが、知覚の研究も手掛けている。彼は、知覚のための情報は不十分なので、脳はそれを補うために無意識の推論をしている、という説をとなえたのだった。

僕は、その推論がフィードバックされ、ボトムアップの情報と整合性がとれれば意識に上る、と考えている。整合しなければ、意識されずに消えていく。

クオリア空間の構造

難しい話が続いたが、このように、脳が世界をあるがままにとらえているのではなく、かなりの程度、編集を加えていることはさまざまな研究によって示されている。それは、クオリアがフィクションであることの強力な根拠でもある。

さらにクオリアがフィクションであるのならば、物理的な事象とクオリアとの対応は特定の関係だけが必然的に存在するのではなく、無限の組み合わせがあると考えられる。

つまり原理的には、赤い色に青さを感じてもいいし、リンゴに牛肉の味を感じてもいい。一瞬が永遠に感じられてもいい、ということだ。

ところが、クオリア空間にはある種の秩序がある。たとえば、オレンジという色は赤には近いけれど、青からは遠く感じる。クオリアどうしには相対的な距離の遠近があるということだ。

そして今の「赤に近いけれど、青とはずいぶん違う」という感じ方は、オレンジというクオリアの質の表現でもある。それはつまり、ある特定のクオリアの質は、他のクオリアとの関係によって決まるということだ。

おそらく、僕たちの脳にはその構造が、すなわちクオリアどうしの関係性がすでにインストールされていて、何かを感じるときには、その構造の一部分を切り出しているのではないだろうか。

もちろん、クオリア空間の構造と現実空間の構造が乖離してしまうと、熱湯に心地よさを感じて大やけどを負ってしまったりと、生物としてまずいことになるだろう。

僕たちは40℃くらいのお湯を心地よく感じるが、90℃の熱湯には鋭い痛みを覚える。だが、**40℃のお湯に、物理的に「心地よさのクオリア」が備わっているわけではない。**90℃の熱湯がいい塩梅で、逆に40℃のお湯には耐えられない生物がいてもいい。クオリアと、それを生む物理的な刺激との結びつきに必然性はないのだ。

ただ、生物としての僕たちにとっては、熱湯は避けたほうがいい刺激だ。そのため脳は、痛みというクオリアを用意したのではないだろうか。そして、その対応関係は順次、学習や進化によってチューニングされてきたのではないか。

例を挙げると、物理的世界での音は音程の上げ下げなど一次元的に変化するが、画像は縦・横と二次元的な構造を持っている。そのことを踏まえると、音のクオリアが一次元的で、画像のクオリア（視覚）が二次元的に構成されているのは、物理的世界の構造を反映していることがわかる。

言い換えると、僕たちの脳にあるクオリアの構造や秩序は、生命の進化の長い歴史による膨大な情報と、個体の経験が蓄積された結果でもある。

チューニングされるクオリア空間

進化のような長い時間軸だけではなく、もっと短いスパンでも、クオリアの秩序はチューニングされている。

痛みや味のクオリアは進化の影響が大きいと思うけれど、たとえば、文字のクオリアはどうだろう。僕の名前にある「金」という漢字や「良太」という音には独特のクオリアがあるように感じるが、文字が出現したのはここ数千年の話だから、文字のクオリアは短い期間で作られただろう。特に、ある個人が生まれてから後天的に整備された面も大きいはずだ。

本来は脳の視覚野に入力されるはずの網膜からの情報を聴覚野に入力していたら、やがて聴覚野が視覚野に変化して視覚のクオリアを作りはじめた、という実験がある。脳はそれほど柔軟なのだ。

もっとシンプルな例ならば、LとRの発音の違いはどうだろう。日本人の多くはL

とRの音を区別できない。すなわち、LとRの音は同じ聴覚のクオリアをもたらしてしまう。

しかし、英語のトレーニングを続けると、あるとき両者を区別できるようになる。それは、両者の聴覚のクオリアが変化したということに他ならない。クオリアは短期間で変わることもあるということだ。

僕も昔はLとRの区別がつかなかったけれど、英語に慣れてくるとクオリアが変化し、別の音として認識できるようになった。僕の場合、Lのクオリアは滑らかな金属のような感じで、Rのほうは丸い空気のようなイメージがある。みなさんはどうだろうか。

クオリアは構造による解釈である

クオリアと、クオリアを引き起こす物理的実体との関係は絶対的なものではなく、環境や経験によってチューニングされた結果にすぎないことは伝わったと思う。

しかし、ここで疑問を覚えた方もいるかもしれない。クオリアと物理的実体の関係が個人的な経験によってもチューニングされるなら、なぜ、多くの人は同じようなクオリアを感じているように見えるのか？

その答えはシンプルで、僕ら人間が、みな同じような身体を持って、同じ世界に生きているからだと思う。

人間は網膜など、同じ作りの感覚受容器で世界を知覚しているから、それらの受容器の制限を同じように受けている。だからたとえば、可視光線を外れた電磁波は見えない。

それから、僕たちが生きる世界では、物は上から下に落ち、昼と夜が交互に繰り返される。だが、もしまったく別の宇宙や惑星で育った生物がいたなら、また違うクオリア空間を持っているはずだ。僕らは同じようなものを同じように学習したから、クオリアもほぼ似ているのだろう。

このように、**内部に持っている世界のあり方を、「世界モデル」と呼ぶ**。僕たち人間は同じ世界モデルを持っているから、クオリアもおおむね同じなのだ。

そして、ここまで来ると、クオリアの正体について語ることも可能になる。

特定のクオリアが特定の質的経験を伴うのは、蓄積されたクオリア空間の構造という「文脈」によって、今現在の経験を「解釈」するからではないだろうか。

クオリア空間の構造とは、色のクオリアについて言えば「オレンジは赤に近いが青からは遠い」……というような相対的な位置づけ情報を膨大に集めたもので、その情報のまとまりに新しい色の情報が接して解釈されると、その色のクオリアが生じるのではないだろうか。

さらに進むと、ある情報の構造がクオリアを生んでいるとするならば、脳がなくても、その構造さえ再現できればそこにクオリアが生まれることになる。

……のだが、ちょっと語りすぎてしまったかもしれない。僕がこういうことを考えるようになるのは、もう少し後のことだ。

共感覚を持っていた話

これは余談だが、実は僕は共感覚の持ち主でもあり、LとRの文字は色も違うように感じられる。しかし、共感覚を持っていることを知ったのは30代になってからのことだった。

もちろんそれまでも共感覚の存在は知っていたのだが、誇張されている面もあったし、少なくとも僕の場合、よく共感覚についての話に出てくるように「数字に色を感じる」とか「食べ物の味に形を感じる」という経験もなかった。何よりも僕は、主観的な経験を客観的に記述することの難しさを知っていたので、正直言って、共感覚が存在するのは確かではあるだろうけれど、とても珍しい症状だと思っていた。

ところがある日、同僚の実験に被験者として参加したときに、僕も共感覚を持っていることが判明した。そのとき知ったのだが、共感覚の持ち主には、共感覚を外部からの感覚として感じる「プロジェクター」と、内部からの、連想される知覚として感じる「アソシエイター」との二種類がいて、後者のほうが圧倒的に多いのだが、プロジェクターと比べると自覚しづらいとのことだった。

僕もアソシエイターだったのだが、世間でイメージされる共感覚者は概してプロジェクターなので、自分が共感覚を持っていることに気づかなかったのだった。

もっとも、こう書いても共感覚を持っていない大多数の読者には伝わらないかもしれない。主観を言葉で伝えるのは、とても難しい。

Part 6

内側から見た意識

今振り返るとだが、20代の僕は、ずいぶんとひどい生活をしていた。普通の人は、仕事が終わった後に友人と飲みに行ったり、週末はどこかに出かけたりするものだと思うけれど、僕はひたすら研究をしていた。友人も少なかった。せっかくの異国暮らしではあるけれど、美味しいものを食べた記憶もあまりない。そもそも、オランダには美味しいものがあまりない。ただ、ユトレヒトの治安が悪い地域に住んでいたときは、その一階がスリナム料理を出すレストランだったので、よくそこで食事をとったことは覚えている。ちなみにスリナムとは、南米にある国の名前だ。

でも、そんな生活を辛いと感じたことはなかった。研究に熱中できる毎日は本当に楽しかった。僕は少しでも長く研究をして、早く論文を書きたかった。友人と遊ぶよりも、有名なレストランで食事をするよりも、研究をしているときが一番幸せだった。ただ、孤独をまったく感じなかったかというとウソになる。友達が欲しかったというのではなく、生活のすべてを犠牲にして一つのことに打ち込む生き方が他人に理解されない寂しさを感じていた。だから、今もたまに、似た生き方を選ぶアスリートやアーティストを見かけると共感してしまう。

ただ、研究を通して知り合った友人もいた。その一人はダウアン・ウー（Daw-An Wu）というアジア系の学生で、彼も下條ラボの博士課程に所属していた。ダウアンは、リトルトーキョーの激安ホテルや研究室に寝泊まりし、ボロボロになりながら研究をしていた僕を見かねて、家に住まわせてくれた。そればかりか、食事を出してくれたり、英語の論文の書き方を教えてくれたりもした（僕はまだ英語に慣れていなかったから）。

僕は後に、恩人でもある彼と、博士論文にする研究の一つを一緒にやった。Natureに掲載された。その論文を、視覚研究の権威であるパトリック・カバナー（Patrick Cavanagh）が激賞してくれたとき、僕はようやく報われた気持ちになった。意識の研究者として評価されるようになったのだ。

ハーバードに家出

２００５年、ユトレヒト大学で博士号をとった僕は、何度も通い、そこで研究をしたいと思っていたカルテクの下條さんのラボでポスドクになった（Postdoctoral Researcher : Postdoc）。ポスドクの扱いは国によって多少違うが、なんとか暮らせるくらいの給料は出る、任期付きの若手研究職という感じだ。

重い扉を開けて入る地下室に小部屋を与えられ、そこでひたすら自分の研究に打ち込む毎日が続いた。ちなみに、ライバル・土谷は同じ階の斜め前の部屋にいた。

研究の世界ではややマイナーなユトレヒト大学とは違い、カルテクには一流の研究者も多く、僕はようやく「本場」にたどり着いたことを実感できた。

地方の高校から東京の大学に出てきた学生みたいな気分だったかもしれない。博士課程では評価される論文もいくつか書くことができ、一人前の研究者として、楽しい生活が始まりそうな予感はあった。


そのころの僕は、学生時代と変わらず視覚のNCCを主に研究していた。

僕がカルテクに移った2005年には国際意識科学会（Association for the Scientific Study of Consciousness：ASSC）という意識研究の大きな学会がカルテクで開かれたのだが、参加者の1／3くらいを占める哲学研究者の思弁的な議論に、僕はあまり感心できなかった。それよりは、実験という具体的な方法で、具体的な知見を追求するやり方の方が、意味があるように思えたからだ。

ようやく、オランダとアメリカを行き来する落ち着かない生活が終わったわけだが、僕はすぐにそわそわしはじめてしまい、まもなく、視覚研究で世界をリードしていたハーバード大学のビジョンラボに「家出」してしまった。当時のビジョンラボには、先ほどのパトリック・カバナーと、下條さんの指導教官でもあったケン・ナカヤマ（Ken Nakayama）というとても有名な研究者がいて、魅力的に映ったからだ。

後に下條さんには、「他所の大学で研究していたときには勝手に来たのに、正規のメンバーになったとたんに来なくなるなんて面白いヤツだ」と言われたが、もっともだと思う。

意識を司るもの

僕はカルテクでもfMRIを使った実験をいろいろ試みてはいたが、残念ながら成果は出なかった。ただ、そういうことをやっているうちに、僕自身の関心が、少しずつ視覚から脳に移っていくのを感じた。

僕がずっと気になっていたのは、頭頂葉と呼ばれる、意識と強く関係していそうな部位だった。

たとえば右の頭頂葉に損傷を受けると、その人は視野の左側を認識できなくなってしまい、食事のときに左側の食べ物を残してしまったり、左側にある物を見落としたりする。これを「半側空間無視」という。

興味深いのは、視覚に異常が生じて「見えなくなる」のではなく、注意を向けられなくなっている点だ。だから、リハビリである程度回復することもある。半側空間無視は、視野の片側を意識できなくなる症状だともいえるだろう。

また、視野のある一点をずっと見つめていると、それまで見えていた周辺視野のものが、ふっと見えなくなる現象がある。これはどうやら、頭頂葉が、周辺視野の視覚の維持をやめたせいらしいことがわかっている。

カール・フリストン（Karl John Friston：1959〜）とエリック・ルマーたち（フリストンとErik Lumer,Geraint Reesの3名）が1998年に行った研究では、両眼視野闘争のもとで視覚クオリアが切り替わったときの脳と、視覚刺激が物理的に変化した時との脳を比較し、主観的な見え方の変化には頭頂葉（や前頭葉）のいくつかの部位が関わっていることを突き止められた（Lumer, E.D., Friston, K.J., & Rees, G.（1998）Neural Correlates of Perceptual Rivalry in the Human Brain.Science280,1930-1934）。

つまり頭頂葉には、意識を支えたり、それをやめて意識する対象を切り替えたりするなにかが潜んでいるように思われた。僕は、頭頂葉には初期視覚野の情報を意識につなげるための機能があるのではないかと仮定し、いろいろな実験をした。トップダウンとボトムアップがぶつかったときの調整にも、頭頂葉が関わっているらしかった。

そのうちにわかってきたのは、**どうやら脳は「一枚岩」ではないらしいということだった。**脳内では「何を意識させるか」について、現状を維持しようとする勢力と別のものを意識させようとする勢力がせめぎ合っていて、彼らの戦い（？）の結果次第で、両眼視野闘争でのクオリアが切り替わったりする。

僕はそういう、意識を司るものについての研究にものめり込んでいった。ヒーリング・グリッドの錯視で、崩れたグリッドのヒーリングを起こさせているのも、意識を維持する役割を負っている領域かもしれない。

こういった面からの意識の研究は、いまだに謎も多く、やりがいがある分野であることは間違いない。

ただ、このような試みは、NCC探しというよりは、意識的な知覚を維持しているものを突き止めるための研究だった。僕自身はずっとNCCを追い求めているつもりで研究をしていたが、興味の内容は少しずつ変わっていたらしい。

ロンドン移住

2007年、2年間だった下條ラボのポスドクの任期が切れ、カルテクとハーバード大学を往復する生活が終わった。

と同時に僕は、イギリスのロンドンに移住した。UCL（Unversity college of London：ロンドン大学）のポスドクになるためだった。

UCLに来た理由はシンプルで、僕がやりたかった認知神経科学の最先端だったからだ。この分野についてUCLは非常に強く、当時の論文の引用数トップ10の研究者の半数近くがUCLにいたくらいだった。僕はUCLで、前のPartに記した「意識を司る領域」の研究をしていたヴィンセント・ウォルシュ（Vincent Walsh）のラボに加わった。ウォルシュは脳刺激研究の大家で、意識における脳内フィードバックの重要性を示唆する研究をしていた。それから、時間に関する研究でも成果を上げていた。

カルテクのような世界のトップ大学でも数名しかいないレベルの研究者が、数十名単位で群れている。そういう場所だったから、僕はオランダからカルテクに移ったとき以上に、いよいよ「本場」に来たと感じた。

当時は「注意」の扱いが大きなトピックになっていた。僕は注意をめぐる研究に直接関わっていたわけではないが、意識を考える上で非常に重要なテーマであり、クオリアの成立にも関わるため、このPartでは僕の考えを交えつつ見ていこう。

現象的意識・アクセス意識の変化

Part1でちょっと触れたことだが、いわゆる「意識」には、二つの側面があることを覚えているだろうか。

一つは、クオリアのような、**本人だけが感じる「現象的意識」**だ。

もう一つは、赤い色のクオリアを感じた人間が「赤が見えます」と報告したりする、外部から観察可能な「アクセス意識」だ。アクセス意識は、ある情報が意識に上ったことではじめて実現するという意味で、機能的な側面と言ってもよい。赤を見たと報告することを客観的に観察することができるが、これは赤い色を意識したことによって実現される機能だという考えが根底にある。

言い換えると、この場合の赤のクオリアには、赤を報告させるという機能があることになる。

この二つの意識を分けたのは哲学者のネド・ブロック（Ned Block：1942〜）で、彼は意識という単一の現象に、現象的側面とアクセス側面の二つの側面があると考えたのだった。これを哲学の世界では性質二元論と呼ぶ。

この分類に基づいて考えると、ここまで本書で紹介してきたさまざまな研究は、哲学的な考察に関する部分を除いて、アクセス意識についての研究であることがわかるだろう。僕が手掛けてきた実験ももちろんそうだ。外部の研究者から観察できる意識はアクセス意識しかないのだから。

ところが、ややこしいことに、意識研究が認知科学や神経科学などの分野でも行われるようになると、「現象的側面」「アクセス側面」の意味が微妙に変わってきてしまった。

意識に上っても報告できない情報がある？

ジョージ・スパーリング（George Sperling：1934〜）が1960年に行った非常に有名な二つの実験がある。

彼は被験者に、123ページの図7のような4×3列＝12個のアルファベットを一瞬（50ミリ秒）だけ見せ、まず、いくつの文字が見えたかを尋ねた。すると、ほとんどの人は12個すべてが見えたと答える。

ここまでは読者も直観的にわかるだろう。一瞬であっても、この程度の数の文字なら見えそうだ。つまり、12個の文字は意識に上る。

次にスパーリングは、見えた文字が何だったかを報告させた。すると、12個全部が見えたと答えた被験者でも、4個くらいしか答えられないのだ。

彼はこの結果から、**「全部見えた」と答えた被験者の脳には、本当に12個すべての文字**

情報が入っていたのかどうか不審に思い、新たな実験を行う。

まず、同じように被験者に一瞬だけ、12個の文字を見せる。それが消えたら、低・中・高いずれかの高さの音を鳴らし、低音なら一番下の段の四文字、中音なら中段の四文字というふうに、音に応じた段の四文字だけ、アルファベットの内容を報告させる。すると、被験者はなんというアルファベットが表示されたのかを正確に答えられるようになった。

被験者に報告させる文字の数を減らしたのだから当然ではないか、と思われるかもしれないが、この結果は奇妙だ。というのも、音を鳴らしたのは「12個の文字が消えた後」だからだ。

二つ目の実験結果からは、一瞬の提示であっても、12個の文字が何であるかを報告できるだけの情報処理が脳内で行われていたことがわかる。

しかし一つ目の実験からは、12文字に対して情報処理が行われているにもかかわらず、12文字すべてを報告できないことがわかる。それはつまり、「意識には上るが、報告はできない情報」がありえることを示唆している。

C N Z Y

F R L X

A M P S

図7 スパーリングの実験
上の12個の文字を一瞬だけ提示すると、「すべて見えた」と感じられる。しかし、次に12個の文字がなんだったかと聞かれると、４個ほどしか答えられない

この不思議な現象の原因は、脳がごく短時間だけ情報を記録する「ワーキングメモリ」（いわゆる短期記憶）の容量の小ささだと考えられている。短期記憶に保存できる情報は数個くらいが上限である、という話を聞いたことがあるかもしれないが、あれだ。12個のアルファベットは、ワーキングメモリに収納するには多すぎるということだ。

ワーキングメモリの存在自体は古くから知られていたが、このスパーリングの実験が重要なのは、**ワーキングメモリからこぼれた情報の中にも、報告できないだけで、意識に上るものはある**ことを示唆したからだ。

「報告できない意識」の存在

「意識には上るが報告できない」と言われても直観的には納得しにくいと思うので、簡単な実験の例を挙げる。

1秒あたり1文字というゆっくりしたスピードで、12秒かけて12文字を提示したとしよう。提示されている間はもちろん文字は意識されているし、見えているのが何という文字か報告することもできるだろう。

しかし、すべての文字を見終わった後で、12個の文字を全部答えなさいと言われても、難しいのではないだろうか。記憶の容量に限界があるからだ。つまり、記憶容量の限界のせいで報告できない意識は、実はたくさんあることになる。

もっと単純な例でもいい。あなたは今日、朝目覚めてからこの本を手に取る今までいろいろな経験をしてきたと思う。当然、そのときには対象を意識していたに違いない。でも、そのすべてを都度報告しているわけではないだろうし、今になって報告しようと思っても大半は忘れているはずだ。

だから、**報告できるかどうかで意識の有無を確かめる実験手法には、ちょっと無理がある。**意識には上ったけれど、それが報告できないというケースはしばしばありえるのだ。

注意が報告を可能にするというモデル

このような報告と意識との関係を整理しようとした試みに、アムステルダム大学のヴィクター・ラメ（Victor Lamme）による「注意」に注目するモデルがある。

ラメによると、視覚などの刺激が意識に上り、かつ報告されるまでには二つのステップがあるという。ラメのモデルを、先ほどのスパーリングの実験と併せて見てみよう。

まず、提示された刺激には、意識に上るものと上らないものが分別される。それを決めるのは感覚器に対する刺激の強度で、十分に強ければ意識に上り、そうでなければ意識されない。スパーリングの最初の実験では、12個の文字刺激は十分に強かったのですべて意識に上ったというわけだ。

だが、そのすべてが報告可能なわけではない。第二段階として、刺激に上った意識のうち、注意を向けられたものだけがワーキングメモリに移行され、報告可能になる。スパーリングの第二の実験では、低・中・高の音が注意を引き起こし、音の高さに応じた文字を報告可能にした、と解釈できる。

つまり、**意識に上っても注意を向けられなかった情報は報告できない**というわけだ。注意には、意識内容を報告可能にする機能があるということになる。

意識には二段階ある？

ラメのモデルに賛成するかどうかはともかく、意識、報告、注意などを問題にする研究が増えるにつれ、**「意識には二つの段階（種類）がある」という考えが広まっていった。**一つは、クオリアのような現象的意識。もう一つは、現象的意識を報告するための注意など、機能的な意識だ。

スパーリングの実験の例でいうと、まず被験者が感じた現象的意識（「アルファベットが12個あるぞ」「真ん中の段にあるアルファベットはBとOとKだな」などのクオリア）があり、その次の段階では、高次の脳機能が注意によって先ほどの現象的意識をワーキングメモリに移し、報告が可能になる、というわけだ。

両者の分類は、このPartの冒頭で触れた意識の現象的側面とアクセス側面とを分けて考える哲学的モデルに触発された考え方だと思うが、先に述べた分け方とは重大な違いがあることに気づくだろうか。

哲学的な定義では、現象的意識の側面とアクセス意識の側面は、文字通り、同じ意識の二つの側面を指している。ところが、意識に二つの段階を仮定する神経科学的なモデルでは、二つの側面ではなく、二つのステージがあることになってしまっている。両者は別もので、分離可能だということになる。

これは大きな言葉のすり替えなのだが、意識研究者もあまり自覚的ではないように見える。しかし、僕は大きな問題だと考えている。

神経科学的なモデルでの二つ目のステージ、つまり注意によって情報をワーキングメモリに移動させたり、それを言語などで報告したりするのは、意識に上った情報を扱うための追加機能でしかなく、意識ではない。この二つ目のステージがなくても意識は成立しているからだ。

だが本来の哲学的定義では、現象的意識と、アクセス意識は同一である。別のものだとする言葉の使い方は、後からできたものだ。僕は、現象的意識とアクセス意識は、同じ意識の別の側面であることにこだわりたい。

スパーリングの実験での「12個の文字が並んでいるのは分かるけれど、すべてを報告できるわけではない」状態は、個々の文字は意識に上っていないが、もっと抽象的な「文字が並んでいる」という意識だととらえられる。

個別の文字の認識とは別に、「なんとなく文字が並んでいる」というクオリアがあってもいいはずだ。そのようなクオリアが注意によってワーキングメモリに移され、保持されている状態を「パーシャル・アウェアネス」（部分的気づきとでも訳すべきか）と呼ぶ。いわば、完全な意識と無意識との間にある意識の状態だ。

グローバル・ワークスペース理論と注意

1980年代にとなえられた意識についての最初期の科学的モデルに、「グローバル・ワークスペース理論」というものがある。

心理学者であるバーナード・バース（Bernard J. Baars：1946〜）らが言い出したモデルだけれど、その後、さまざまな実験や脳科学的な研究によっても確かめられ、今でもなお、意識についての強力な理論として注目されている。

グローバル・ワークスペース理論も、脳の活動のうち、意識に上るものはごくわずかであることを前提にしている。ここまで触れてきたように、脳はさまざまな情報処理を行っているのだが、その大半は無意識下で行われる。

さて、グローバル・ワークスペース理論は、人の脳は視覚や聴覚、運動や言語など、特定の機能に特化したいくつもの「モジュール」によって構成されていると仮定している。それぞれのモジュールはいつも忙しく働いているのだが、そこで処理される情報は意識には上らない。

だが、特定のモジュールは、自分だけでは解決できない問題に直面したときに、情報を他のすべてのモジュールと共有し（これをブロードキャストと呼ぶ）、課題を解決する。

この共有ネットワークがグローバル・ワークスペースだ。そして、脳内のさまざまな情報処理のうち、グローバル・ワークスペースにアップされた情報だけが意識に上る、というのが理論の大枠だ。

グローバル・ワークスペースはしばしば、スポットライトが当たる劇場にたとえられる。舞台袖でゴソゴソ準備をしている出演者は見えないが、スポットライトで照らされた舞台上の役者だけははっきり見える。この舞台が意識だというわけだ。

そして、スポットライトに相当するのが注意である。ざわざわしたカクテルパーティーで注意を向けた声だけがはっきりと聞き取れるように、**注意を向けた対象だけが意識に上り、観客たち（モジュール）に見えるようになる**。

つまり意識は、特定のモジュールの情報を、他の多くのモジュールと共有する役割を果たしているというのがこの理論の主張だった。

グローバル・ワークスペース理論は、提唱された当時は仮説的なモデルだったが、その後多くの実験結果によって支持されてきた。

アクセス可能になることでクオリアが生まれる

グローバル・ワークスペース理論を頭に置きつつ、改めて、意識の現象的側面とアクセス的側面について整理しよう。

両者は同一の意識の二つの側面であって、別個に存在しているわけではない。クオリアなど現象的意識が、外部からも客観的に観察可能な、情報としての意味を持つ場合に、アクセス意識と呼ばれるだけだ。

つまり、意識の実体は一つしかない。特定のあり方をした情報のまとまりだ。それを外部から見るとアクセス意識になり、内部から見ると現象的意識、すなわちクオリアになるのだ。そして、この場合の「アクセス」は、観察者などの他者からのアクセスに限らず、脳の別のモジュールからのアクセスも含んでいる。

アクセス意識と現象的意識が同一だということは、ある脳内の情報のまとまりは、アクセス可能になることではじめて現象的意識になるということでもあるが、それを支持する研究結果はいくつもある。

ある刺激を、意識できるかどうか微妙な強さで提示すると、意識に上った場合は頭頂葉や前頭葉を含む広い脳内ネットワークが活動するが、意識に上らない場合は、初期視覚野など小規模な脳内活動しか起こらない。

その様子は、情報のまとまりがグローバル・ワークスペースという表舞台に引っ張り出され、脳の他のモジュールにとって利用可能になったときに（=アクセス可能になったときに）、はじめて意識に上る（=クオリアが生じる）ととらえるとわかりやすい。

クオリアとアクセス意識との対応関係

　ここまで、注意や報告、さらにはアクセス意識と現象的意識をめぐる議論の混乱などを見ながら、クオリアの成り立ちについての仮説にたどり着くことができた。

　一言で強引にまとめると、**「脳内のある情報のまとまりを外側から見るとアクセス意識だが、それを内側から見たときがクオリアである」**ということになる。

　本書のここまでの説明で、意識について、ある程度の見通しが得られただろうか。意識やクオリアは一見、取り付く島もない謎に見えるが、クオリアが機能を持つことや注意、錯視、さまざまな神経科学的な研究、NCC、グローバル・ワークスペース理論、性質二元論などの知見を総合したことで、その正体はおぼろげながら見えてきた。

　意識とは、脳内の、特定の情報のまとまりなのだ。

なぜクオリアと現象が対応するのか？

だが、まだ最大の問題が残っているだろう、という声も聞こえそうだ。なぜ、特定の情報のまとまりが特定のクオリアに対応するのか、というハードプロブレムだ。

しかし少なくとも、ここまでの議論によって、ハードプロブレムの意味がすっきりと整理できたことは確かだ。ハードプロブレムは、客観的に観測可能なアクセス意識と主観的な現象的意識との間に、なぜ対応関係があるのか、という問いへと言い換えられる。

そして、この問いには、どうして現象的意識が生まれるのか、という疑問も含めていいだろう。アクセス意識だけで動く哲学的ゾンビがいても、不思議ではなさそうに思えるからだ。

このハードプロブレムへの一つの答えが、Part5で少し触れたが、「アクセス意識と現象的意識との対応関係は、進化の過程と、その個体の経験によって獲得された」というものだ。たとえば、個体の生存にメリットがある刺激には心地よいクオリアが対応し、逆に避けたほうがいい刺激には、痛みなど否定的なクオリアが対応する。

つまり、**ある個体の脳には、進化の歴史を含む過去の蓄積による、特定の情報の構造が存在する。そして、その構造は、外部からの情報に接したとき、自らの構造に基づいて外部からの情報を「解釈」する。それがクオリアだ。**

だから、たとえば将来、まったく違う脳や身体を持ち、地球とはかけ離れた環境で進化してきた宇宙人がやってきたとしても、彼らの脳（に相当するもの）に入っている情報の構造と、彼らが外部から受け取る情報の構造を照らし合わせれば、彼らがどういうクオリアを感じているかを推測することができるのではないだろうか。

そして、この宇宙人をＡＩに言い換えたとしても、このたとえは成り立つ。脳がなくても、ある情報のまとまりが、外部の情報を解釈すれば、そこにクオリアが生まれるからだ。

しかし……と、まだ納得しない人は言うだろう。この説明が正しいとしても、ハードプロブレムは解けないではないか。クオリアの質と外部の刺激との対応関係は説明しているけれど、そもそも、なぜクオリアが生まれるのかに触れていないからだ、と。

たしかにその通りだ。そして、その疑問に答えるのが次の章で紹介する「意識の統合情報理論」なのだが、僕がこれに本格的に向き合うのは、UCLから離れてからだった。

Part 7
意識の統合情報理論

2012年、僕は同じイギリス国内のサセックス大学で、准教授（reader）のポストに就いた。

サセックス大に行ったのは、意識研究者のアニル・セス（Anil Kumar Seth：1972〜）に誘われたからなのだが、妻との間に子供が生まれたこともあり、そろそろ「就職」しなければいけないと感じたためでもあった。それまで僕が就いていたポスドクの地位は期限つきで、准教授はいわゆるパーマネント（恒久的）なポストだから、実質上の就職と言ってもいいだろう。僕は35歳になっていた。

イギリス南部の海沿いにあるサセックス州は風光明媚なところで、大学も、ブライトンという海沿いのとても綺麗な街の近郊にあった（国立公園の中に位置していた）。

僕を誘ってくれたアニルは、それまでの僕のような実験科学の人ではなく、どちらかというと数理的な理論により、意識を説明しようとする研究者だった。邦訳された彼の著書（『なぜ私は私であるのか――神経科学が解き明かした意識の謎』、青土社、2022年）でも解説されているが、彼は予測符号化（predictive coding）理論を応用して意識研究をしようとしていた。

予測符号化理論では、知覚のトップダウンを予測、ボトムアップをその検証のための情報提供ととらえ、つねに知覚や学習によってその更新が行われており、両者の誤差が発生すると信号が発せられると考える。これはPart5で紹介した19世紀の物理学者兼医師、ヘルムホルツによる、脳は無意識に推論をしているという「無意識的推論説」に始まるものだ。

フリストンが2005年から2010年にかけてとなえた「**自由エネルギー原理**」も**いわば、ヘルムホルツの理論を現代的に数理化したものだ**。フリストンの言う自由エネルギーとは、アニルが深く関心を抱いていた予測符号化理論の「予測と検証のズレ」に相当し、生物の知覚や行動は、自由エネルギーを最小化するように働くとする。

フリストンはUCLに所属していたので、UCLは自由エネルギー原理の発祥の地と言ってよく、僕もUCLにいたころから関心を持っていたし、フリストンと一緒に論文を書いたこともある。

だから予測符号化理論は、自由エネルギー原理の応用例の一つと言ってもいい。自然、僕の関心も実験科学から、このような計算論的な方向へとシフトしていった。

念のため記すと、普通の研究者は僕のようにしょっちゅう分野を変えたりはしない。ほとんどの人は同じ分野というか業界にずっと身を置き、同じテーマを追い続ける。僕の場合、「意識」という大テーマはずっと持ち続けていたものの、数年おきにやり方を大きく変えている。

ライバル・土谷もずっと「金井が何をやりたいのかわからない」と言っていたのだけれど、最近になってようやく、僕が好奇心の赴くままに研究していると考えると説明がつく、ということで納得してくれた。僕自身も、「好奇心」というキーワードを軸に考えると、これまでの人生の展開の意味が理解しやすいように思えた。

もちろん、分野を変えることは苦しい。研究者の顔ぶれも全然違うし、なによりもゼロからの勉強が必要になる。しかし僕は勉強については楽観的で、どんなことも勉強をすれば理解できると信じているので、それがよいのかもしれない。

「好奇心」に突き動かされて

しかし、そんな僕でも自由エネルギー原理の勉強にはてこずった。フリストンの論文はわかりやすく書かれていなかったので、何が原因でわからないのかがわからず、したがって、なかなかわからなかった。そのころの日本とイギリスとを往復する飛行機の中では、映画も観ず、ほとんど寝ることもなく、ずっと彼の論文を読むのが常だった。

「意識の統合情報理論」の衝撃

ＵＣＬにいたころから僕は、ジュリオ・トノーニ（Giulio Tononi：１９６０〜）という意識研究者が提唱した**「意識の統合情報理論」**（Integrated information theory of consciousness：ＩＩＴ）という理論が気になっていた。トノーニのこの理論は、当初は別の名前だったのだが、その後ＩＩＴへと発展し、さらにＩＩＴは何度もバージョンアップを繰り返している。このＰａｒｔで紹介したいのは、このＩＩＴだ。

ＩＩＴの登場は意識研究を大きく変えてしまった。
それまでは、意識については専門家もアマチュアも自由に思い付きを言える雰囲気があり、それが意識研究の一種の魅力でもあったのだが、**ＩＩＴ登場以降は「ＩＩＴを理解できた人」と「理解できていない人」との間に断絶が生まれてしまった。**もちろん、クリックとコッホによるＮＣＣ探しの開始以降は、意識研究は立派な科学になったと言えるが、ＩＩＴの衝撃はもっと大きい。

あるいは極端に言えば、ＩＩＴ登場までは、意識の専門家はいなかったといってもいい。僕も含め、各々が自由に好き勝手を言うことができた。

だが、ＩＩＴにはその自由さを許さないインパクトがある。それは、さまざまな直観に反し、理解がとても難しい量子力学が、素朴な古典力学的世界観を古くしてしまった様子に似ているかもしれない。

ＩＩＴの数理的な側面にはわかりにくいところもあるが、実は、核となる重要な部分はむしろ哲学的でもある。だからＩＩＴのエッセンスを言葉で伝えることは可能であり、とても重要な試みだと思っている。この章を、ＩＩＴを理解するための入門ガイドとして読んでもらえると嬉しい。

まず、ＩＩＴの説明に入る前に、その重要な特徴を羅列するところからはじめよう。

世間に広まっているＩＩＴ像にはかなりの誤解があるので、ここを読むだけでも意味はあるはずだ。

1．ＩＩＴはとても難しい

ＩＩＴを理解することはとても難しい。その結果、ＩＩＴをきちんと理解している人はほとんどいないのが現状だ。

意識研究の専門家が集まる国際意識科学会でさえ、ＩＩＴをしっかり把握している研究者は極めて少ない印象を受ける。ＩＩＴがしばしば話題に上るにも関わらず、だ。

理解が難しい理由の一つは、ＩＩＴの数理的側面が複雑で、情報や統計に慣れている必要があることだ。また、それらを知っていたとしても、ＩＩＴは既存の考え方と違う部分も多く、なぜ教科書的なものから外れた定義をするのかなどが気になり、最初はすっと頭に入ってこないかもしれない。そのため、哲学や心理学をバックグランドとする人にとっては、とっつきにくい可能性がある。

では理系の人ならＩＩＴをよく知っているかというと、そうではない。部分的な理解に基づいて「意識レベルの指標を提供するＩＩＴは……」などという人もいるが、その捉え方はかなり誤っている。

それは、現在のＩＩＴの核にある哲学的なアイディアを理解していないからだ。

2. ＩＩＴはバージョンアップを重ねている

ＩＩＴは登場以来、トノーニの手によるバージョンアップを重ねてきた。２０２３年７月現在でのＩＩＴはＶｅｒ・４だ。

バージョンごとの違いは大きく、特にＶｅｒ・２からＶｅｒ・３にアップデートされた際には大きな変化があった。

だから、実は「ＩＩＴは……」という表現そのものが不正確だとも言える。バージョンによって大きな思考の転換があるからだ。古いバージョンについて語ったり、バージョンごとの考え方を混ぜて考えてしまっている人も多い。

3. ＩＩＴは意識の指標「ではない」

ＩＩＴについて断片的な理解をしている人は、意識の指標を提示する理論だと思っている場合が多いが、それは重大な間違いだ。あるいは、表面的なところに囚われた見解にすぎない。
たしかに指標として機能する側面もあるが、神髄はそこではない。
では、IITは意識について、何と言っているのか。

4．IITはハードプロブレムを解消する

IITのもっとも革新的なところは、ハードプロブレムを消滅させる点にある。なぜなら、IITによると、意識とは、特定の情報のまとまりだからだ。

前述の特徴3が重大な誤りであるのは、そのためだ。

IITでは情報は意識の指標ではなく、「意識そのもの」なのだ。意識は統合された情報である、とIITは主張する。

そしてIITが前提としているのは、特定の条件を満たした情報のまとまりは「必然的に」意識になる、ということだ。それがこの宇宙のルールであり、重力が存在するように意識も存在する、とIITは主張している。

これは、意識の機械へのアップロードを研究している渡辺正峰さん（1970〜）が言う「意識の自然則」と同じで、**この宇宙の根本的なルールの一つとして、「特定の情報**

の統合には必然的に意識が生じる」というものがある、という意味だ。

ただ、このルールはＩＩＴの前提であって、実験や数式によって証明されたわけではない。ＩＩＴは、この前提に基づいた体系ならば、意識を上手く説明できると主張している。その意味では、数学や物理学で言う公理に近い。

では、以下、順を追ってＩＩＴについて簡単な解説をしよう。

情報とはなにか

ＩＩＴを理解するには、まず「情報」という概念を把握する必要がある。

情報とは、無数にある可能性を減少させるものごとを指す。たとえば、「明日は晴れである」という情報は、明日が雨になる可能性や曇りの可能性をなくすため、その意味で情報である。あるいは、光っている豆電球は、「豆電球が光っていない」という可能性をなくすため、やはり情報だ。

また、情報には量の多い・少ないがある。

たとえば、あなたが今「海辺にいて、大海原を見ている」とする。その事実は、「山を見ている」「花を見ている」「真っ暗で何も見えない」といった膨大な可能性をなくすから、やはり情報なのだが、この情報は、「豆電球が光っていない」という可能性をなくすだけの情報と比べると、減らせる可能性の量がはるかに多い。その意味で、情報量が多い。

そして、**「海を見ている」という情報は現象的な意識・クオリアでもある。**だから、クオリアもまた情報なのだ。

あるクオリアによって排除された可能性の膨大さを考えると、クオリアの情報量の多さがわかる。クオリアとは、非常に豊かな情報なのだ。

統合された情報としての意識

クオリアは、豊かな情報だ。だが、豊かな情報が必ずしもクオリアになるとは限らない。**情報が統合されている必要がある。**

僕たちの脳の後ろの方に、主に運動を司っている小脳という場所がある。小脳の重さは脳全体の1割強しかないのだが、ニューロンの数は小脳以外の部位（大脳）よりもはるかに多く、全ニューロンの3／4は小脳にある。したがって、小脳が生む情報の量は大脳よりずっと多い。

ところが、**小脳は意識には関与していなさそうだ**と言われている。たとえば、小脳を損傷しても意識は保たれるのだ。

それは、小脳は大脳とは作りが違い、各部位が独立したユニットとして機能しているからだと考えられる。情報の量は多いけれど、それらが統合されていないのだ。

「統合」についてもう少し詳しく伝えるために、ＩＩＴの説明でよく持ち出されるフォトダイオードを例に引いてみよう。

フォトダイオードとは、デジカメなどに大量に使われる、光が当たると電気信号を出す小さなパーツだ。フォトダイオードが信号を出していれば、それは光が当たっているということで、「光が当たっていない」という可能性を否定できる。したがって、一つのフォトダイオードは非常に小さな情報量を持つ。このフォトダイオードを100万個並べるとヒトの網膜くらいの情報量になり、デジタルカメラはそのような作りになっている。

では、仮にフォトダイオードを大量に並べて、クオリアを感じている脳と同じ情報量にすると、そこに意識は生じるのだろうか?

直観的には生じなさそうだが、IITに基づいて判断しても、やはり生じない。なぜなら、**情報量が多くても、意識につながる「統合された情報」はゼロだからだ。**

100万個のフォトダイオードが生む情報は1×100万=100万ビットだが、それぞれの情報は因果的に独立している。個々のフォトダイオードは、光が当たったら信号を発するだけで、**フォトダイオードの位置を入れ替えたり半分の50万個ずつに分割したとしても、全体が生む情報量は変わらない。**

しかし、視覚のクオリアはそうではない。あなたが今見ている光景の、ある部分と別のある部分を入れ替えたら、それは同じ視覚とは言えなくなる。別の風景になるからだ。

あるいは、ある絵を真っ二つにして、「この二つの絵は、一枚だったときの絵と同じです」とは言えないように、**視覚を分割すると、分割以前と比較して、何らかの情報**

が失われる。

このように、全体を部分に分解することで失われる情報があるとき、その情報を「統合された情報」と呼ぶ。

別の表現をすると、全体をいくつかの部分に分割したときに、それらの部分の情報量の合計が、もともとあった情報量の合計よりも少なくなるとき、そこには統合された情報があった、といえる。

IITでは統合された情報量を、ギリシャ文字のΦ（ファイ）で表す。

そして、IITによると、それこそが意識だ。意識の指標ではなく、意識そのものなのだ。

内側から見た情報

ところで、情報には、「外在的」と「内在的」という二通りの見方がある。

この本でこれまで紹介してきた意識研究での情報は、どれも外在的な見方をしたものだった。外在的とは、研究者などの観測者が、「外から」情報を見ているということとだ。

たとえば、特定の色のクオリアと、視覚野での特定のニューロンの発火が対応していることがわかったとしよう。NCCが見つかったということだ。だが、その視点は外在的なので、なぜそのNCCが色のクオリアを生むのかは説明できない、というのは前に話した通りだ。

IITの特徴は、情報を内側から、内在的に見る点にある。

網膜のニューロンなど例外を除き、脳のニューロンは、クオリアの対象を直接見ているわけではない。ニューロンがつながっているのは別のニューロンだけなので、要するに、**脳には脳しか見えていない**ことになる。

だから、IITの統合された情報とは、脳が、自分自身の直前の状態について持っている情報の量でもある。統合された情報、すなわち意識とは、対象についてではなく、自分自身についての内在的な情報だ。

なお、ここでは話をわかりやすくするために「自分自身の直前の状態について持っている情報量」と書いたが、IITのVer・3からは過去と未来、両方の状態を考慮した理論に発展している。

フォトダイオードにも意識がある

ＩＩＴでは、意識はある／ないに二分されるのではなく、Φに応じて段階的に存在する、と考える。だからたとえば、Φを持っている以上、少数のフォトダイオードにも意識はある。人間の意識とは比べ物にならないくらい小さな意識だが。

僕たち人間の意識量も一定ではなく、寝入りばなや酔っぱらっているときなどにΦが減少する場合もある。また、犬やカラスはもちろん、アメーバなどの単純な生物にも、Φは少ないが原始的な意識が宿っている可能性はある。

そもそもＩＩＴによれば、地球以外の惑星の生物でも、あるいは地球上の機械でも、Φさえあればどんな自然現象も意識を持つと見なす。ただ、ヒトを含む動物の脳ほど多くの情報を統合しているシステムは、自然界には多くないだろう。

哲学では、こういう考え方は、条件さえそろえば何でも心を持ち得るという「汎心論」に相当する。読者のほとんどを占めるであろう日本育ちの日本人はあまり抵抗を感じないと思うが、キリスト教文化圏の人々はヒトと他の動物の間に一線を引きたがるようで、動物、特に、ハエなど進化的により単純だと思われる動物には意識がないと主張する場合も多い。

科学の前提をひっくり返すIIT

IITの一番革新的なところは、アプローチの仕方が、従来の科学とは正反対である点にある。

ハードプロブレムを含む意識の問題が難しかったのは、客観的な物理世界が、どうして主観的な意識を生むのかがわからなかったからだ。しかしIITは、まったく逆の見方をする。**物理世界ではなく、逆に「主観的な意識がある」ということを前提にし、そこから出発する**からだ。

トノーニはこのアプローチを「現象学的」と呼んでいるが、たしかに現象学の父であるエドムント・フッサール（Edmund Gustav Albercht Husserl：1859〜1938）も近いことを考えていた。19世紀から20世紀にかけて生きたフッサールの時代には、自然科学の発展で客観的世界観が広まった。その中にあって、主観から世界を再構築する行為があえて必要になったというのがフッサールの現象学の背景だった。

だがIITはこの前提とは真逆に、主観世界から出発する。科学のスタイルをひっくり返しているのだ。

意識に対して既存科学とは逆のアプローチをするということは、**ハードプロブレムもさかさまになる**ということだ。

ハードプロブレムは、「外」の物理的世界の存在を前提とし、「内」の主観的意識を謎と見なした。しかしIIT的アプローチによると、主観的意識が存在することが前提なので、外の世界の存在こそが謎になる。

僕たちはここで、ハードプロブレムの消滅に立ち会うと同時に、「逆ハードプロブレム」の誕生を目撃しなければいけない。

すなわち、意識ではない、外の世界は本当に存在するのだろうか？　客観世界とは、いったい何なんだろうか？　という問いだ。

世界は、存在するかのように見えるだけで、実際は存在しないのではないか？

「逆哲学的ゾンビ」とでも言うべきだろうか、このような問いも成り立ってしまう。

世界は、本当に実在するのだろうか?

最新のＩＩＴの根底にあるのは、このような、哲学的な問いだ。ＩＩＴは、数理的でテクニカルな面と哲学的な面との両方で成り立っている。

道具としてのＩＩＴとでもいうべきか、数理的な面だけをピックアップし、Φを意識の指標として使おうとする立場もある。それはそれでいいのだが、読者のみなさんには、研究者でも気づいていない人が多い、ＩＩＴの哲学的な大胆さを知ってもらいたいと思っている。

意識の公理

「主観から出発する」などと書くと非科学的なやり方のように思われるかもしれないが、そんなことはない。証明されていないごく少数の仮定を作り、そこから演繹的に体系を作っていく手法は、実は珍しくない。

こういう仮定を「公理」と呼ぶ。

たとえば、読者の皆さんも学校で習ったニュートン力学は、三つの公理から出発している。「慣性の法則」「運動方程式」「作用・反作用の法則」だ。

公理は証明されたわけではなく、あくまで仮定にすぎない。しかし、その少数の公理を基にしたたくさんの定理が、振り子運動から惑星の軌道まで、この宇宙の出来事を見事に正しく説明するため、基になった公理も正しいだろうと見なされている。

高校生のころ、ニュートン力学の公理を習ったときの不思議な気分を、今も覚えている。公理から定理を作るわけだが、定理が正しいかどうかは、導き出すまでの手続きをチェックすればわかる。では、公理の正しさはどのように確かめるのか？

今にして思うと、この疑問は少しズレていた。公理は「こういうことにしておきましょう」という前提で、正しさを確かめる必要はない。そうではなく、公理に基づく論理やモデルが、実際に存在する現象をちゃんと説明したり、予測できるかどうかが問題なのだ。

同じように数学でも、公理を設定するところから始めるやり方は、ユークリッド以来の伝統的で効果的な方法だ。

トノーニが新しかったのは、意識研究にその手法を導入した点だった。

Ｖｅｒ・３のＩＩＴでは、以下の公理系を設定している。

第０公理：意識は存在する

ここまで書いた、「主観的意識は存在する」ということ。すべての大前提なので、第０の公理とされる。

第１公理：意識には構造がある

主観的な意識体験には、特定の構造がある。

あなたが、ある人の顔を見ているとしよう。そこには、目が水平に二つ並んでいるとか、その少し下に鼻があり、さらに下には口がある、といった特定の構造がある。あるいは、顔の一部として目や口や鼻があり、さらには鼻の一部として鼻の穴がある……といった、階層構造もある。

トノーニは、意識にこのような構造があることを、公理の一つとしている。

第2公理：意識は情報である

第2公理については、「情報とはなにか」で書いた通りだ。

ある特定の意識的体験は、他の多くの可能性を否定している。「赤い花を見ている」という視覚のクオリアは、「青い花を見ている」「白い花を触っている」「音楽を聴いている」……と、膨大な可能性を排除する。その意味で情報である、ということだ。

ただし、ここでは前回は書かなかった重大な補足をしたい。

実は、IITでいう「情報」は、クロード・シャノン（Claude Elwood Shannon：1961〜2001）にはじまる情報理論での「情報」とは厳密には異なる。情報理論での情報量は、二つの情報の関係が相関関係でも因果関係でも成り立つが、**IITでの情報は、因果関係でのみ成立する**。

仮に、ある夏のアイスクリームとビールの売り上げに相関があったとする。だが、因果関係はない。アイスの売り上げを伸ばしたからといって、ビールの売り上げが伸びるとは限らないからだ。

一方で、暑さとビールの売り上げには因果関係があるだろうし、暑さとアイスの売り上げにも因果関係はある。その場合、ＩＩＴの定義でも、暑さ－ビールの売り上げと暑さ－アイスの売り上げの間には、情報量があるとされる。

この「情報」の定義の違いを抑えているかどうかは、ＩＩＴへの理解度を計るポイントの一つでもある。

第3公理：意識は統合されている

「内側から見た情報」で書いた通り、意識は統合されているため、分割すると失われる情報がある。言い換えると、部分の情報量を合計した値よりも、全体の情報量のほうが多い。

この公理を現象学的な視点から言い換えると、自分の意識を自分で観察したときに、さまざまな感覚が一つの意識として感じられることと、感じている主体が一つであるように感じられること、となる。

第4公理：意識は排他的である

これは、若干、議論の余地があるかもしれない。

排他であるということの意味は、意識体験が、特定の時間的・空間的スケールで、ただ一つだけ感じられる、ということだ。ある物が赤であり、同時に青でもあると感じられることはないし、「部分的な意識」と「全体的な意識」などというものがあり、それらが同時に感じられることもない。

この公理は、IITでは、Φを測るときにいろいろな時間的・空間的スケールで計算し、もっともΦの値が大きくなったスケールが意識に対応している（から、他のスケールを排他している）という形で使われる。

ただし異論も多いし、僕自身、納得していない部分もある。

僕は、意識があるかないか不安定な状態が存在し、注意を向けることで意識として確定する、というようなことがあるのではないかと思っている。量子力学でいう観測みたいなものを、意識についても考えられるのではないだろうか。

あるいは、感じている意識とは別に、「喋らない小さな意識」のようなものがあると考えることもできるのではないか。あるいは、細胞やニューロンの一つひとつにも意識が備わっていると考えても、特に問題は生じないのではないかと思う。

個体としてのスケールの意識が雄弁なせいでそればかりが目立つが、沈黙している、別のスケールの意識があってもおかしくないと考えている。そのスケールは必ずしも個体よりも小さいものに限られず、**たとえば、生物集団に、無口な意識が宿るケースもあるかもしれない。**

以上の公理を基に、統合された情報の量を示すΦが意識である、と主張するのがＩＩＴだ。Φの構造はクオリアの質に対応している。

クオリアとコンセプト

さて、第１公理に構造という概念が出てきたところで、ここまで少しあいまいに使ってきた「クオリア」という言葉を、もう少し厳密に定義する段階に来た。

まず前提だが、ＩＩＴは、心（意識）と物（物理世界）を分けて考える心身二元論の立場はとらず、あくまで意識は一つしかないとしている。その一つの現象を、内側から見ると意識で、外側から見ると統合された情報になる……というのがＩＩＴだ。

このとき、クオリアとは、内側から見た特定の統合情報を指すことになるが、それを外側から、**すなわち情報として見たときには、複数の「コンセプト」の特定の配置パターンになる。**この概念はVer・3で登場した。

コンセプトの具体例を挙げるのはかなり難しい。色や形といった、僕たちが知覚しやすいものもコンセプトだが、それらが成立する前提となる、もっと基本的なものもコンセプトだ。

よくよく考えると、赤が赤であるためには、空間が必要だし、明るさも必要だ。空間や明るさがない世界では、赤というクオリアは成り立たない。この場合の空間や明るさもコンセプトの候補になる。

さらに、明るさというコンセプトを作るためには空間に加え「線分」や「方向」といったコンセプトも必要かもしれない。

このように、コンセプトどうしは階層構造を持っている。それは「ブドウ」に似ている。ブドウは、個々の粒のことを指すこともあれば、粒が集まった全体を指すこともある。コンセプトも同じで、個々のコンセプトだけではなく、その集合をコンセプトと呼ぶこともあるわけだ。

重要なのは、コンセプトは（したがってクオリアも）、「原理的には」外の世界に対応している必要はない点だ。進化や学習によって、物理的世界に対応したコンセプトばかりが作られてきたわけだが、物理的世界と対応関係にないコンセプトが作られることもある。

痛みのコンセプトはまさにそうで、この宇宙をくまなく探しても「これが痛みです」というものは見つからないと思うが、進化の過程で便利だったので、いわばでっち上げられたものだ。

似たようなコンセプトとして「直線」「数字」、さらにいえば「神様」などを挙げてもいいかもしれない。いずれも、この宇宙には（たぶん）存在しないはずだが、何らかの意味で便利だったから作られたのだろうと思う。

そしてコンセプトはクオリアの素になるものなので、クオリアと現実世界との対応は、必然的ではないという意味で、恣意的だ。この本で繰り返し書いてきたテーマだが、ＩＩＴもまた、そのことを支持している。

なぜ赤のクオリアは青ではない?

ヒトの個体はおおむね同じクオリアを持っているように見える。熱湯には痛みを感じるし、脂肪や糖分にはとても美味しいクオリアを感じる。それは同じように作られた身体を持ち、同じ世界に生きているからだが、それだけでは説明がつかないクオリアの質もあるのではないか。

たとえば、赤のクオリアはなぜ青や緑ではないだろうか。別に、何色のクオリアであっても、生物としての暮らしに問題はないように見える。

色を円状に配置したものを色相環と呼ぶ。色相環上の色の配置は対称で、色相環を回転させても互いの位置関係は変わらないから、ある色のクオリアが別の色のクオリアであっても問題がないように見える。

しかし、おそらく物理的な色は、このように綺麗な対称性は持っていないと思われる。人間の目の構造や色どうしの関係によって、色の配置は非対称になっていて、そのせいで、特定の物理現象が特定の色のクオリアと結びついているのではないだろうか。

ＡＩの分野で「世界モデル」と呼ばれる、知覚している世界の像が同じだから、クオリアもほぼ同じになるということだ。言葉にするとシンプルだが、そのことを深く理解すると世界の見方が変わる。

僕の場合、いつか駅のホームで電車を待っていたときに、急に、世界のフィクション性を実感したことがあった。人々のざわめきや入ってくる電車の騒音のクオリアは、脳が作ったものであり、僕は一種のバーチャルリアリティーの中にいる、ということを肌で感じた。宗教的な「悟り」も、こんな感じなのかもしれない。

意識と再帰

ＩＩＴによると、ある存在が意識を持つためには少なくとも二つの条件が必要だ。

一つは、情報が統合されていること。いくら情報の量が多くても、フォトダイオードの集合のように、それぞれが独立していると統合情報量はゼロなので、Φは極めて小さいものでしかない。

もう一つは、**情報が再帰（リカレント）しなければいけない**ということだ。再帰とは、ざっくり言うと、あるものが自分自身について言及することを意味する。一方向に流れるだけでは、意識は生まれない。

これは、先ほど書いた、ＩＩＴでは「情報」は因果関係においてのみ成立するという点と関係がある。

話を単純にするために、「入力」と「出力」だけのシンプルなネットワークを考えよう。この系にΦはあるだろうか？

入力が出力に影響するわけだから、そこには因果関係があってΦが生まれるように思えるかもしれないが、Φはゼロだ。

入力は出力に対して信号を送るが、それは外部から来たものであり、自分自身、つまりネットワーク内部からの信号ではない。これはＩＩＴでは、「原因の情報量がない」と見なされる。

同様に、出力は入力からの信号を受け取るが、それを自分自身、すなわちネットワーク内部に出力するわけではない。これは、ＩＩＴでは「結果の情報量がない」と見なされる。だからΦはゼロで、この系には意識は生まれない。

しかし、このネットワークに再帰構造があると話は変わる。入力点が内部から信号を受け取り、出力点は内部に対して出力する。このような再帰的なやりとりがあると、入力点・出力点の双方が原因と結果の両方に対して情報量を持つことになり、Φが生じる。

IITから見た「中国語の部屋」

難解すぎる、という声も聞こえてきそうなので、具体的な事例に即して考えてみよう。有名な「中国語の部屋」という思考実験があるが、それをIITで読み解くことができるのだ。

「中国語の部屋」とは、哲学者のジョン・サール（John Rogers Searle：1932〜）が提唱した、意識についての思考実験だ。

ある部屋に、中国語がわからない人、たとえば英国人を一人入れる。その部屋には小さな穴が開いていて、外部から、中国語の文章が書かれた紙が入れられる。部屋の中の英国人はもちろんその意味を理解できないのだが、彼の手元には分厚いマニュアルが用意されていて、「こういう文章が差し込まれたら、こう返せ」という、中国語を理解している人間が作った対応表が書かれている。中の人間は、そのマニュアルに従って（意味は理解できないが）中国語の文章を作って箱の外に差し出す。

さて、この部屋を外から眺めているとしよう。中国語の書かれた紙を入れると、正しい返答が中国語で返ってくるわけだから、部屋の中には中国語を理解できる人が入っているように見える。だが、実際はそうではない。

この場合、**中の英国人は中国語を理解していると言えるのだろうか？** というのが、この思考実験の問いかけだ。

IITに基づいて考えると、この部屋というネットワークには再帰がないように見えるし、情報が構造化されていないため第1公理にも反する。だから、意識は持っていない（ただし、考えようによっては部屋の中に再帰性を認めることも可能なのだが、ここでは触れない）。

しかし、外からふるまいを観察すると、意識を持ち、中国語を理解している人と同じように見えるはずだ。だから、**外部から見たふるまいがまったく同じでも、意識を持っている系とそうでない系とがありえる**ということになる。

なお、この再帰と「中国語の部屋」の解説は、以前アラヤにいた大泉匡史さんの論文（「統合情報理論から考える人工知能の意識」、『人工知能』33巻4号）からお借りした。

以上が、ＩＩＴのあらましだ。数理的な理論を言葉で説明するという無理を犯したので、不正確な点もあるのだが、ＩＩＴの概要をつかみ、関心を持ってもらえたらとてもうれしい。

もっと勉強したい人に向けた参考文献を巻末に記すので、さらに理解を深めたい人はぜひ読んでみてほしい。

統合情報理論をどう扱うか

さて、このようなＩＩＴが今の意識研究を大きく変えつつあるのだが、その扱いは難しい。

もっとも意見が分かれるのは、Φが意識と同一であるかどうかだ。紹介しておいてなんだけれど、僕もその点については、議論の余地があると考えている。

理由の一つは、ＩＩＴが設定している四つの公理はおおむね確かだと感じるが、その先の手続きについては、他の解釈ややり方もあるように思うためだ。そもそも当のＩＩＴ自体もバージョンアップを繰り返しているのだから、完成形とは言えない。

もう一つの大きな理由は、「Φが意識である」という仮説には、反証可能性が「事実上」ないように見えるからだ。

反証可能性とは科学哲学者カール・ポパー（Karl Raimund Popper：１９０２～１９９４）が科学の条件だと主張したもので、「観察や実験で否定できる可能性があること」を意味する。たとえば「万能の神が存在する」という仮説には反証可能性がないので、科学的ではない。

Φが意識かどうかは、原理的には反証の余地がある。ＩＩＴに基づいて計算すると「リンゴの味」を感じていると予想される状態の脳が、実際は全然別のクオリアを感じていたら、ＩＩＴの理論には修正が必要だと判断できるからだ。

しかし、実際には難しい。

まず根本的な問題として、予測されたクオリアがそこに本当に発生しているのかを確かめるのが困難だ。他人のクオリアを直接感じられないのと同じ問題だ。

また、脳のような複雑な物体についてΦを計算しようとすると、計算量が膨大になり、事実上不可能になってしまうこともある。

ここまで触れなかったが、ＩＩＴの最大の弱点は、計算量が絶望的に多くなる点にある。ＩＩＴでの計算は、数学的には極端に難しいわけではないのだが、とにかく量が多く、今のコンピューターの性能だと、10個のニューロンに対してでさえ、計算は厳しい。どうがんばっても二ケタが限界だ。

しかし、人の脳には１０００億個のニューロンがある。計算がどれだけ難しいか、わかるだろう。

だがＩＩＴが魅力的な理論であることには変わりはない。ならば、人の脳ほど複雑ではない別のもので、ＩＩＴの正しさを確かめることはできないだろうか、と僕は思いはじめていた。

たとえば、人工の意識で。

Part 8

意識を作る

僕がサセックス大学で研究やIITについての勉強をしていた前後から、周囲にも、また僕自身にもさまざまな変化が生じていた。

まず、例によって、僕は新しい分野にも関心を持ちはじめていた。新しく脳科学的なアプローチも始めていたことは書いたが、脳の働きや構造には、けっこうな個人差がある。

それまでの実験科学的アプローチでは、同一の人間（脳）に対して異なる状態を用意し、分析していた。ネッカーキューブの見え方が変わる、などだ。つまり、「同じ個人の中での差」を見ていたわけだ。しかし脳に興味を持ちはじめた結果、そこに「個人間での差」という新しい観点が加わった。

たとえば、脳の第一次視覚野（V1）の面積には、個人によって最大で二倍もの開きがあり、その違いは物の見え方の違いに関わっているらしかった。また、性格特性の個人差と脳の個人差との間にも、関係があるらしい。

僕は、この個人差はNCC探しの新しい切り口になるのではないかと思った。今までのNCC研究は、ネッカーキューブの見え方が変わるときの脳の反応など「同じ個人の中での差」に着目していたわけだが、個人間の差をとっかかりとして、似たようなことができるのではないかと考えたのだった。客観的には同じ現象を体験しているはずなのに、報告する内容には個人差がある、というようなケースがあるからだ。

倫理と脳

そういうことを考えているうちに、僕は、意識とはまた別の研究に手を出すようになっていった。倫理だ。

長らく哲学や人文学だけが扱ってきた倫理だが、そのころからは社会心理学や進化心理学などによって、実証的な科学の対象になりはじめていた。そこで僕は、倫理的な偏りや道徳観、政治的信条などと脳との関係を研究してみた。

するとたとえば、他者に共感する能力は、脳の「楔前部《けつぜんぶ》」という場所の大きさと相関があることがわかった。この部分は、個人の尊厳を守る倫理観とも関係がある部位だ。また、脳の「前部帯状回」も共感する力と相関があったが、この部位は、大きさが政治的なリベラルさと関係がある部分でもある。

僕は意識研究と並行してこのような研究も手掛け、その成果を『脳に刻まれたモラルの起源——人はなぜ善を求めるのか』（岩波書店、2013年）という本にまとめた。そこでは脳の構造や倫理、道徳、政治的傾向、信頼、孤独などを論じ、最後には「幸福」についてこう書いている。

「人間が幸せに生きる社会を作るためには、物質的な豊かさだけではなく、信頼関係のあるコミュニティーを作ることや、生きがいとなる仕事を作り出すことが大事になってくる」。この文章を読んだ読者は、著者が意識についての難しい数式をいじっている研究者だとは思わなかったのではないだろうか。

しかし、考えてみると、僕の中では少年時代以来、ずっと倫理や社会への関心があった。それが脳研究といういいツールを見つけたタイミングで、改めて浮上しただけだったのかもしれない。

データが足りない！

このような研究は意識研究とは直接の関係はなかったのだが、僕に、その後につながる非常に重要な課題をもたらした。**データの量が全然足りないのだ。**

そのころの僕は、苦労して被験者を数百人集めて脳のｆＭＲＩを撮ったりしていたが、それでもデータ量としてはまったく十分ではなかった。

だが、大学にはそんな大規模な研究をする予算はない。研究予算不足は日本の大学だけの問題ではなく、イギリスでも変わらない。

当時の僕のような駆け出しの研究者が確保できる研究費は、せいぜい年間数千万円が限度だが、理想的な研究をするには数十億円は必要になると思われた。なにせ、一人の被験者から一回ｆＭＲＩのデータをとるだけで数万円はかかるのだ。１０００人からデータをとったら、それだけで年間の研究費が飛んでしまう。

研究のサイズが小さいことには、また別の深刻な問題もあった。そのころから問題になりはじめていた「再現性の危機」との関係だ。

再現性の危機とは、２０１０年くらいから盛んに言われはじめたことで、それまでの研究の多くに、実は再現性がないのではないかという疑惑を指す。再現性とは、ある実験なり調査なりを同じ方法で再現した場合に、同じ結果が出るということだ。

言うまでもなく、再現性は科学的であることの条件なのだが、改めて再現性をチェックすると、分野によっては50パーセントを大きく下回ることさえあることがわかった。それらの研究の主張は間違っているかもしれないということだ。

再現できない理由はいろいろあるが、根本的な原因はデータ量が小さすぎることがある。データが十分に大きければ、再現性は高くなるためだ。

つまり、データが、したがって研究予算が足りないことは、科学の確かさを揺るがしかねないということがわかってきた。

起業という選択肢

ところで、僕は倫理と脳との関係の研究などにSNSを使うことがあったから、SNS上の大量のデータに価値があることはよく理解していた。また、そのころにはFacebook（当時）やGoogleといった民間大企業の研究者が、莫大な予算を背景に新しい研究をして話題をかっさらうことも増えていた。

僕は、研究費を頼りに大学という場所で研究を続けることには限界があるのではないかと感じるようになった。そうではなく、事業を起こして自分でお金を稼ぎ、それを使って研究をするスタイルが必要ではないか。

そう考えたとき、自分には少なくとも一つ、ビジネスにつながる知見があるように思われた。それが脳についての個人差の研究だ。

そのころにはすでに、個人に対して遺伝子診断サービスを提供するアメリカの企業23andMeなどが話題になっていた。僕はそれをヒントに、脳診断とでもいうべき「ニューロプロファイル」をビジネスとして立ち上げられないかと考えはじめた。脳の特性に基づき、その個人の得意分野や弱点の潰し方を提供することを想定していた。

もちろん、そのビジネスの先には、個人の脳データを集めて脳への理解を深め、意識の謎を解くという形で、最終目標としての意識研究がある。

資金集めの冒険

2014年、僕はサセックス大学で研究を続けながら、少しずつ起業の準備を始めた。ニューロプロファイルのコードをコツコツと書くのはもちろんだが、何よりもお金が必要だ。

大学の准教授の収入では家族を養うだけでいっぱいいっぱいで、とても起業資金など貯まらない。だから資金調達が必要になる。

最初はアメリカで資金調達をしようと思い、いろいろな人に声をかけた。有名なエンジェル投資家で、先ほどの23andMeにも投資していたエスター・ダイソン（Esther Dyson：1951〜）という人がロンドンを通りかかるという情報を聞きつけ、彼女が泊まっているホテルに押しかけて投資をお願いしたりした。ちなみに彼女は、あの有名な宇宙物理学者、フリーマン・ダイソン（Freeman John Dyson：1923〜2020）の娘だ。

アメリカの意識研究の学会で出くわした茂木健一郎さん（1962〜）に相談し、アドバイスをもらったこともあった。とにかく、いろいろな人に助けてもらった。

もちろん起業の知識などまったくないから、株主と会社の関係や特許などの勉強もしなければいけない。ブログなり本なりと勉強の手段はいくらでもあるし、勉強は苦にならないのでそれ自体は問題ではないのだが、研究ではないことに時間を使っているのがもどかしかった。

一度、なんとかアメリカで登記するまではこぎつけたのだけれど、定款（法人の基本ルール）がまずいとかで差し戻されてしまい、相談相手の弁護士を探したり、必要なバーチャルオフィスを借りたりと、時間とお金とが湯水のように減っていった。奥さんの貯金まで使い果たしたと思う。

僕はてんてこまいになりながら、子どものころにやっていた『ドラゴンクエスト』を思い出していた。ストーリーを進めるためには敵を倒したりアイテムを集めたりと、やらなければいけないことがたくさんあるが、起業もよく似ている。難易度は現実のほうがはるかに高いのだが。

アラヤ設立

結論から書くと、会社はアメリカではなく日本で作ることになった。

夏休みに日本に戻ったときに、いくつかのベンチャーキャピタルを回ってみたところ、感触が良かったせいもあるが、アメリカで四苦八苦したせいで疲れていたこともあった。英語には慣れていたけれど、契約書のような特殊な文章を読むのはやはりストレスだったし、強気でエキセントリックな人も多いあちらのビジネスパーソンと日々戦うのは、僕には向いていなかったらしい。

会社名は大乗仏教の阿頼耶識《あらやしき》からとった「アラヤ」にした。

阿頼耶識とは、意識できないが、今の自分を形作っている過去からの縁起のようなものを意味している。それが、会社の看板にしようと思っていた脳診断と重なるように思えたのだった。人の行動やものの考え方は脳にかなり規定されているけれど、それを自覚することは難しい。

こうして2015年、僕は日本に戻り、研究者に加えビジネスパーソンとしても歩みはじめたのだが、はっきり言って最初の数年はとても苦しかった。それぞれ得意分野が異なる数名でスタートを切り、2023年6月現在では85名の社員を抱えるまでに成長したので順調だったのではないかと思われるかもしれないが、僕は研究とはまったく質が違う辛さに向き合わなければいけなかった。

とても一言ではいい表せない苦労があったのだが、特に大変だったのが、モチベーションの源が人によってまったく違うことと、研究者でない人の能力を見抜くことの難しさだった。

研究の世界では、モチベーションはみなおおむね変わらず、新しくて意義のある研究をしたい、ということに尽きる。金儲けや権力を目的に研究にまい進する人はほぼいない（もちろん例外も多いが）。そういう人には研究よりもっと向いた世界があるだろう。

しかしビジネスの世界では、なにに動機づけられるかは個人によってまったく違うし、モチベーションの程度にも開きがある。全員が全員、全力を挙げてくれるわけではない。何か頼みごとをしたとしても、その人にとってのメインの仕事でなければ、後回しになってしまう。

今となっては当たり前のことだとわかるが、当時の僕はそういうことを知らなかったので、大いに苦しむことになった。

それから、能力を評価するのが難しかった。研究の世界なら、みな経歴も専門分野もはっきりしているし、どの程度の実績があるのかも、論文の引用数などから客観的に把握できる。だが研究の外の世界ではそうではない。

だから、たとえば新しい事業で助けてもらう弁護士を一人探そうとなったときに、どの弁護士にどのくらいの能力とモチベーションがあるのかを判断するのは簡単ではなかった。


ビジネスにはそういう、研究しか知らなかった僕が思いもよらない難しさが至るところにあった。

もちろん、トラブルもあれば感情のもつれもあった。さらに、社員が増えてくると、他者の生活を背負うことへのプレッシャーも現れた。研究で失敗しても、基本的には僕がまずいことになるだけだが、会社が倒れると社員の生活が立ち行かなくなる。

特に新型コロナウイルスの流行以降は、社員とリモートで打ち合わせをすることが増えたので、画面の向こうで赤ん坊が泣いていたり洗濯物が干してあったりするのが見えたりして、彼らの生活をリアルに感じる。それでたまらない気分になることもあった。意識的に感情を欠落させようと努めることもあったが、なかなか難しかった。言うまでもないが、研究に使える時間はどんどん減っていった。

何のために起業したのか、わからなくなることもあった。たぶん、少し鬱のような状態になっていたと思う。

AI

だが、停滞期はあったものの、会社の業績は階段状に伸びていった。

改めて振り返ると、僕が興味を持てる分野の事業ほど上手くいく傾向があった。おそらく、僕個人のモチベーションが他の社員にも影響したのだろうと思う。会社をやっているうちに、そういうこともだんだんとわかってきた。

2016年からは、それまで看板だった脳画像解析に加え、AI（人工知能）を使った事業も始めた。社会でもAIが話題になりはじめていた時期だ。

特に注目されていたのは、機械翻訳や音声認識など身近な技術でも威力を発揮していたディープラーニング（深層学習）だったが、**そのようなAIが情報を処理しているだけではなく、果たして「意味」を理解しているのか**、という議論も盛んになされていた。

意味と意識は似ている。もし意識を持つAIが生まれたら、そのAIはものごとの意味を理解できると僕は考えていた。

それが人工意識だ。

Part 9
意識を持つAI

僕はもちろん意識のことを忘れたわけではなかった。2015年からアラヤは、「人工意識」をテーマとして掲げはじめる。

僕が人工意識を研究しようと思い立ったきっかけはIITだった。書いたように、IITで実際に脳の意識Φを確かめようとしても、脳を細胞レベルで網羅的に計算しなければならず、それがまず難しい。だからIITが本当に正しいかどうかはまだわかっていない。

しかし、AIならば内部構造がプログラム上で完全に把握できる。つまり、IITを検証する手段として、人工意識が有効だと考えたのだった。

当初は、IITを使って人工意識を作ることも考えていた。AIに、IITでいう意識のコンセプトをたくさん作るように学習させれば、原理的には意識を生むことも可能だと思われたが、計算量的に現実的ではないので、あきらめた。

僕が描くシナリオはこうだった。

まず、脳を単純化したモデルとして、意識と関係のある機能をAIに実装する。次に、それにIITを適用すると、こういうクオリアがあるらしいという理論値のようなものを導ける。

しかし、それはＩＩＴが正しいことが前提なので、そのまま鵜呑みにはできない。そこで、そのＡＩに本当に意識があるかどうかを確かめるために、人間の脳とつなげて、実際にクオリアが感じられるかを主観的に確かめる。

そこにクオリアがあれば、意識を人工的に作ることに成功し、同時にＩＩＴが正しいことも確かめられる。単に、「人工の意識」という革命的なものを生み出すだけにとどまらず、ＩＩＴの確かさを実証することで、意識研究も飛躍的に進歩するだろう。人工意識を作る研究には二重の価値があるのだ。

ＡＩのクオリア

ところで、そもそもＡＩが意識を持つことが本当にあるのだろうか。あるとして、それはどのような意識なのだろうか。たとえば、人間相手に流暢な対話をする large language model（大規模言語モデル：ＬＬＭ）というＡＩがあり、いかにも意識を持ちそうに見えるかもしれない。

先に補足しておくと、IITの主流となる考え方では、LLMには意識は宿らないと予測されている。

それはまず、IITでは現代のコンピューター内部の因果構造には意識は生まれないと予測しているためだ。したがって、どんなAIを作っても、コンピューターの上に実装する限りでは意識を持てないことになるのだが、個人的にはその解釈に異論がある。

もう一つの理由は、今のLLMには自分へのフィードバックがなく、つまり情報の再帰構造がないため、Φがゼロになってしまうからだ。だから意識を持てない、ということになる。

しかし僕は、フィードバックがなく、逆のフィードフォワードしかないLLMのような系であっても、IITを拡張するとフィードバックを見出せると考えている。これは数学的なアイデアなので言葉で説明するのは難しいのだが、強引にイメージを伝えるとこんな感じになる。

まずフィードバックとは、自分から自分に情報を送ることを意味する。逆のフィードフォワードは、自分から外にだけ情報を送ることなので、まったく別の現象に見える。

しかし、この場合の「自分」が動いていたらどうだろう。あなたが歩きながら自分に話しかけたら、それはフィードバックになるが、話しかけたときのあなたと、話しかけられたときのあなたは位置が違うし、時間的にも異なる。つまり、このフィードバックは「あなた」→「あ′なた」へのフィードフォワードとも見なすことができる。フィードバックかフィードフォワードかには、本質的な違いはないと考えられるわけだ。

ということは、逆に、フィードフォワードしかないLLMにもフィードバックを見出してΦを計算することは可能になる。だからLLMが意識を持つ可能性はある、というのが僕の主張だ。

さて、そのようにしてΦを持つLLMが生まれたとしても、現状では、AIは人間とはさまざまな点で違う。手足もなければ目や耳などの感覚器もない。

だからといって意識がないということにはならない。クオリアが恣意的であることを思い出そう。**LLMは人とはまったく違う、人には想像できないクオリアを持つ可能性がある**ということだ。

それはＡＩの中でしか生まれ得ないクオリアで、僕たち人間が感じることはできない。しかし、人間が感じ取る色のクオリアに「オレンジは赤に近いが青からは遠い」といった構造があるように、ＬＬＭのクオリアの構造を外から読み取ることはできると思う。

また、ＬＬＭに、人間の感覚器に相当するセンサーや、身体を与えようとする研究もある。するとＬＬＭは、人間以上に豊かな五感のクオリアを持つようになるだろう。ただ、ＬＬＭに搭載するセンサーは人間の感覚器の制限にとらわれないので、たとえば可視光線以外のものを「見る」こともできる。だから、やはり人間からは想像できないクオリアを持つだろう。僕らが、コウモリにとって超音波がどのように「見える」のかを想像できないのと同じだ。

人工意識というゴール

ここまで、ＡＩにどのような意識が宿り、それをどう確かめるかという、人工意識についての重大な問題について語ってきた。ＡＩのハードプロブレムといってもいいだろう。

しかし実はそれ以前にもう一つ、ＡＩにとっての大きなイージープロブレムが残っている。それは、そもそもＡＩに意識を持たせる意味はどういうもので、ＡＩの意識にはどのような機能が予想されるか、ということだ。

これは意識の実装の具体的な道筋にも直接関わるが、そればかりではない。意識の謎を解き、ハードプロブレムを消滅させることにもつながる、僕が一番力を入れて伝えたいことだ。

この本では、ここまでずっと意識の謎と、それに立ち向かうさまざまな理論を紹介しながら、並行して僕の歩みを振り返ってきた。

そして今、ようやく人工意識というテーマにたどり着いたわけだが、今までの内容は単に、意識研究の面白さを伝えるためのものではない。それらは、人工意識という一点で交錯し、ハードプロブレムは溶けてなくなるのだ。

意識の機能

まず、なんども書いてきたように、意識には、報告するなどの機能的な側面と、クオリアなどの主観的・現象的な側面の、両面があるとされてきた。この二つを分けることはハードプロブレムの前提でもある。

僕がこの区分を大切にするのは、人工意識はこの区分をなくし、**したがってハードプロブレムを消滅させられる**と考えているからだ。

僕は、機能的な意識と現象的な意識は、分離不可能な、表裏一体の関係にあると思っている。そして**AIで機能的な意識が実現されれば、そこには必然的に現象的な意識、すなわちクオリアが宿る**と考えているのだ。

では改めて、意識の機能について考えてみよう。

Part4で紹介したが、脳の損傷によって、物の形などを意識できなくなってしまった人たちがいる。だが彼らは意識できないだけで、物の形という情報は脳に入ってはいるから、無意識下では使うことができる。

穴の形を意識できなくても、そこにカードを差し込むことはできる女性の事例を紹介した。この事例からは、「穴の形状を把握してそれに合わせてものを入れる」という行為には、意識の機能が不要であることがわかる。

このように意識なしでもやれることは多いが、しかし、**意識がないとできないことがあることもわかっている。**それはたとえば、刺激に対して、時間をおいて反応することだ。一度視界から完全に消えた刺激に対して課題を行う、といったことは、意識がない状態ではできない。

どうやら、**意識に上った情報は、無意識下の情報に比べると、使い勝手がいいらしい。**刺激が消えたものを言葉で説明するとか、複雑な思考の材料にするとか、そのようなフレキシブルな使い方ができるようになるのだ。

あり得る世界と世界モデル

意識を説明するためにさまざまな理論が提唱されてきたのは書いてきた通りだが、

それらは互いに排他的ではなく、一つのＡＩの上で併存できる。僕たちアラヤは、そういった理論をどのように組み合わせるかを提案する論文を書いたりしている（Arthur Juliani, Kai Arulkumaran, Shuntaro Sasai, Ryota Kanai,2022,"On the link between conscious function and general intelligence in humans and machines"）。

意識の機能でもっとも重要なものを言語でシンプルに表現すると、「反実仮想」になると考えている。反実仮想とは、目の前にあるものに反応するだけではなくて、「もし明日が雨だったら」「地球の裏側では何が起こっているのだろう」などと、ありえる世界を想像する能力だ。反実仮想の能力があると、今のＡＩには不可能な長期的な計画や複雑な思考が可能になる。

そして反実仮想を持つために必要なのが、「**世界モデル**」だ。

僕たち人間は、世界について、ＡＩの世界でいう「生成モデル」を持っている。そこでは、物は上から下に落ち、固いものどうしがぶつかると割れたりする。この世界にはそういうルールがあることを、モデルとして内部に持っているということだ。

だからたとえば、リビングにいても、人が皿洗いをしている台所のほうから「パリーン」という音がしたら、見にいって確かめなくても「皿が割れたらしい」と想像できる。また、「今手に持っているグラスを放すと、床に落ちて割れるだろう」と予想できる。**「今、ここ」ではない世界を想像できる**のだ。

さて、AIに世界モデルを与えるためには、世界の情報を圧縮する必要がある。画像や三次元モデルとして蓄積しようとすると、情報量が多すぎて扱えないためだ。

この問題は、ディープラーニング技術の進歩が解決する可能性がある。たとえばGoogleの関係会社であるディープマインド社は2018年、CGの部屋の状態を、たった256個の変数で表現する「Generative Query Network」(GQN)という技術を発表した。これは非常に小さい情報量なのだが、GQNはそれだけの情報をもとに、見えない物陰の風景を「想像」することができる。

モジュール間をつなぐグローバル・ワークスペース

世界モデルを持つことは意識の第一の条件だが、それがすべてではない。僕らが目や耳から受け取った刺激や記憶を基に思考しているように、いろいろな機能に特化したモジュール間を橋渡しする機能も必要だ。

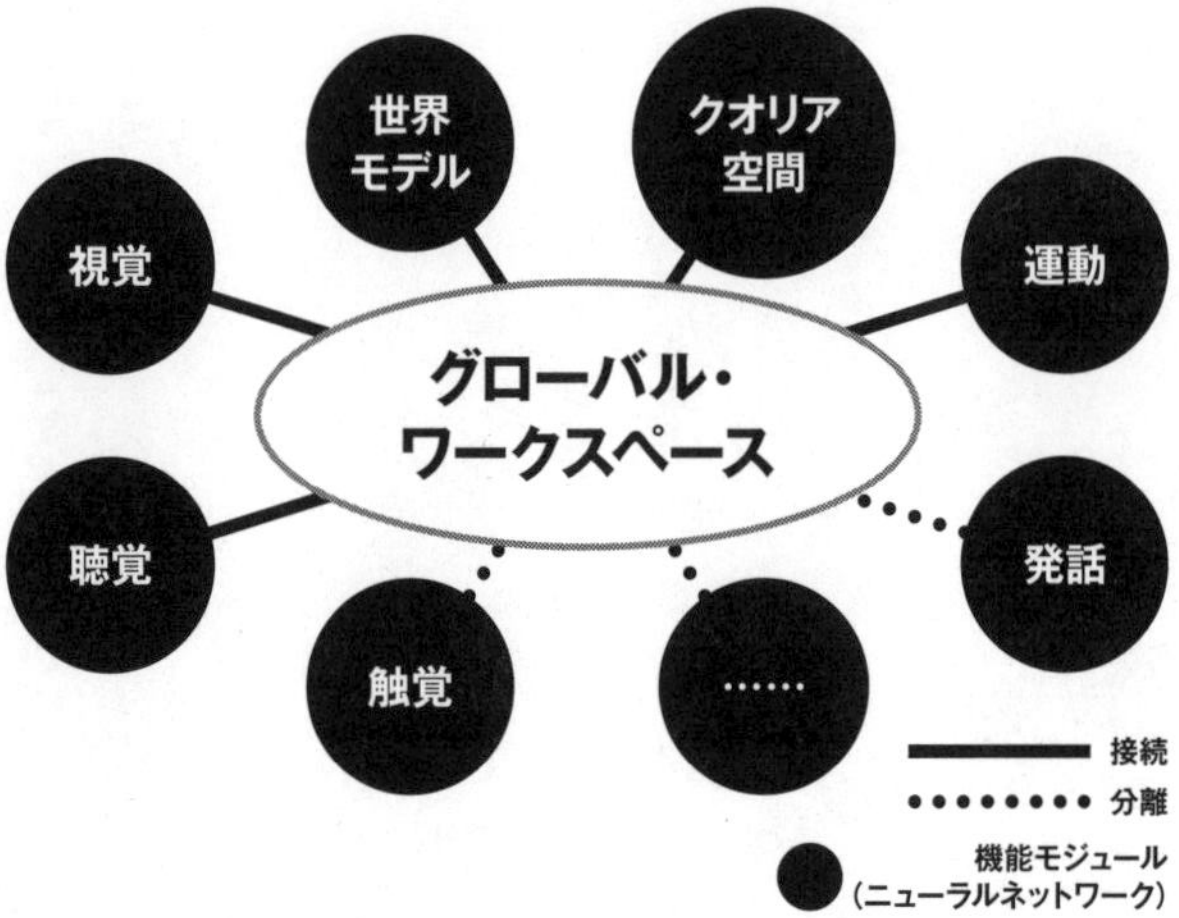

図8 AIのグローバル・ワークスペース
各モジュールと臨機応変に接続できるグローバル・ワークスペースにアップされた情報は、他のモジュールと共用される。そして、クオリア空間もモジュールの一つになるかもしれない

そこで役立つのがグローバル・ワークスペース理論だ。

人工意識の文脈に即してグローバル・ワークスペース理論をおさらいすると、いろいろな機能に特化したモジュールがたくさんある中で、グローバル・ワークスペースにアップされた情報、すなわち意識に上がった情報は、他のモジュールとも共有され、柔軟に使うことができる、ということになる。

意識には、意識した情報の使い勝手をよくする機能があるということだ。先の世界モデルも、グローバル・ワークスペースにつながる特化モジュールの一つだ。
各モジュールは常にグローバル・ワークスペースにつながっているわけではない。僕たちが注意を向けるまでは喫茶店のBGMに気づかないように、注意に相当する機能が、グローバル・ワークスペースとつなぐモジュールを臨機応変に選ぶ。

メタな立ち位置のクオリアモジュール

ではAIのクオリアはどこでどう生じるのかというと、これもグローバル・ワークスペースにつながるモジュールの一つになる可能性がある。ただし、他のモジュールよりも少し上というか、「メタ」な位置にある。

各々のモジュールのパラメータを一つの空間に埋め込んだものが、そのAIのクオリア空間になる。そして人のクオリア空間で赤とオレンジのクオリアどうしの距離が近く感じられるように、似た機能のモジュールどうしは近くに、そうでないものは遠くに配置される。このクオリア空間はすべてのモジュールを同等に扱えるという意味でメタなのだ。

クオリア空間を持つ機能的な意義は、**そのAIにとって未経験の刺激であっても、この空間に位置づけることで対処できる**点にある。たとえるなら、39℃のお風呂に入ったことがない人間でも、38℃のお風呂と40℃のお風呂に入った経験があれば、39℃のクオリアはその中間くらい、と予想できる感じだ。

プラットフォームとしての意識

AIの意識は、さまざまな特化型モジュールが持つ情報を汎用的に活用するプラットフォームになる可能性がある。

たとえば、LLMは高性能だが、あくまで言語処理に特化していて汎用性はない。しかしそこに音声処理モジュールや画像処理モジュールをくっつけて汎用性を高めようとする際に、グローバル・ワークスペースは土台になるだろう。そして、そのようにグローバル・ワークスペースを土台として機能を統合したAIシステムを、人工意識と呼んでいるのだ。

あるいは、人工意識をOSにたとえるとわかりやすいかもしれない。個別のアプリはまったく違う目的のためにバラバラに開発されたものだが、ＯＳがあるおかげで、一台のＰＣの上で動かせる。

そして、あるＡＩに意識があるかどうかを判定できる理論は、今のところＩＩＴしかない。だからＩＩＴは重要なのであり、そのＩＩＴを検証するためには、人工意識を脳と接続して、主観でＩＩＴの確かさを調べる必要がある、というのが僕の狙うあらすじだ。もちろん、これを言葉で表現するだけではなく、ディープラーニングで実装するのが課題なのだが。

人工意識はＡＩ研究から生まれる？

ＡＩに、どのようにしてこの本で紹介してきたような意識の機能を持たせるかは、近年のＡＩの世界でホットなトピックになっている。意識研究とＡＩを生み出すコンピューター・サイエンスはまったく別の学問だが、近づきつつあるのだ。

人工意識の実現という観点からは、特に意識のことを考えているわけではないＡＩの世界の研究者のほうが、意識の研究者よりもかなり進んでいる印象を持っている。

彼らがすごいＡＩをたくさん作っているうちに、気が付いたら、その中に意識を持ったＡＩがいるかもしれない。そんなイメージだ。

逆に、ＡＩ研究者がものすごい難題だと考えているテーマの中にも、実は意識の理論を応用することで解決できるものも多いと考えている。

ＩＩＴを提唱したトノーニたちが、面白いことをやっている。コンピューターシミュレーションの中で「アニマット」という小さな人工生命を何万世代も進化させて観察しているのだ。生命としての機能が高まっていくと、アニマットの脳のΦも高まっていく。つまり、意識が生まれてくる。アニマットの脳はＩＩＴで計算できる小さなスケールの脳なのだが、生物の脳でも同じようなことが起こってきたのかもしれない。

ならば、それがＡＩに起こらないという決まりはない。

人工意識の難しさ

近年のアラヤは、人工意識作りを試みるだけではなく、先ほどの論文のように、人工意識の作り方を提案することにも力を入れている。

しかし悩ましいのは、**全体像を理解してもらうことがとても難しい**ことだ。ここまで読んでくれた読者は、意識をめぐる哲学的な問いから始まり、代表的な意識研究や脳の仕組み、ＩＩＴ、ＡＩとの関係に至るまで、ざっくりとした見通しを得られたと思う。

だが、それはかなりすごいことだ。それぞれの分野の研究者やエキスパートはいるが、全体に通じている人はほとんどいないので、ここに書いたことを理解してもらうのは難しい。

今は人工意識に関心を持ってくれる人は増えているので、人前で話す機会も多く、そういうときの聴衆にはＡＩや脳、哲学の専門家もたくさんいるのだが、1時間なりの決まった時間で哲学的な前提から神経科学的な研究、そしてＩＩＴまでを伝えきれている自信はない。

だから、この本が理解を助けてくれると嬉しい。

Part 10

人工意識とクオリアの意味

グローバル・ワークスペースをベースに汎用性を手に入れたAIは、早ければ2020年代には出現するのではないかと思っている。そこに意識が宿っている可能性は十分にある。

ただし、物理的に身体を作るのはかなり難しいので、それはSF映画に出てくるような心を持ったロボットではない。たぶん、仮想空間にいるアバターみたいな存在で、人間とは画面越しに話すのではないか。

そのようなAIが意識を持ったとしても、そのクオリアがどういうものかについては、意見が割れそうだ。

言語しか知らないLLMは色のクオリアを持てるだろうか、という議論がある。彼らは色を見ることはできないが、人間の言語を通して色どうしの相対的な位置関係は理解できるので、人間とは違う形で色のクオリアを感じる可能性はある。

僕たちと同じクオリアを感じるためには、やはりカメラなどで画像処理・認識を行わなければいけないと思うが、少なくとも言葉で人間とコミュニケーションを取る上では問題はないだろう。ただ、そのようなAIが色を「理解」しているのかというと、哲学的な議論が再燃しそうだ。

もっとも、画像や音声を認識できるＡＩはすでにあるので、意識と汎用性のあるＡＩが、グローバル・ワークスペースを基にそれらをどんどん吸収していくと思われる。人間にたとえると、感覚器がどんどん増えていくということだ。

すると、目や耳を持ち、それらのクオリアを総合的に利用できるＡＩが生まれる。そういったＡＩは、意識研究者のそれではない素朴な目で見ても、いかにも意識を持っているかのように振る舞うだろう。そして実際、脳と接続してみれば、僕らのようなクオリアを感じていることがわかるかもしれない。

意識を持つＡＩは脅威か?

では、意識を持つＡＩは、人間社会にとって脅威になるだろうか。

前提として、ＡＩが人類の存亡を脅かすほどのリスクになり得るとしたら、それはそのＡＩが何らかの目的意識を持った場合に限られるだろう。人間の指示通りに動くＡＩならば、意識があってもなくても脅威にはなりえない。

ではＡＩがどのように目的を手に入れるかというと、人間の設定次第だろう。

人間は自発的に目的を持つ存在で、過去には他民族征服や領土欲などをたくらむ個体が悲劇をもたらしたこともあった。そういう目的意識は進化の過程で生まれたもの、あるいはその副産物だと思われるが、ＡＩは進化の結果として生まれたものではなく、人が作り出したものだ。そこに目的意識が自然発生することは、非常に考えにくい。だからＡＩに目的意識が生まれるかどうかは、人間がどう設計するかにかかっている。

内発的な動機をＡＩに設定してしまうと、それを基に、人間が設定していない目的を自分で作ってしまう恐れはある。その意味でも、人間の設計次第なのだ。

ＡＩアライメント

意識と汎用性を手に入れたＡＩに人間がＡＩに目的を与えたとする。それは「部屋を掃除して」といった単純なものかもしれないが、**その目的が、ＡＩの中に新たな副次的目的を生む可能性があり、それを予測するのはとても難しい。**

それが平和的な目的ならいいが、部屋掃除のためには自分（ＡＩ）の身を守って生き延びなければいけない、などと危険な方向に行かないとは限らない。

僕が特に危ないと思うのは、ＡＩに好奇心を持たせることだ。好奇心はさまざまな自発性や行動に結びつくため、ＡＩの考えがどこに向かうかのコントロールが難しい。

ＡＩが意識を持ったとしても、僕たち人間とはまったく違う存在だ。個体という概念を持っているとは限らないし、持っていても、他のＡＩを吸収してより大きな存在になることもできる。

ＡＩが人類にとってのリスクになることを避けるために、僕は最近「ＡＩアライメント」にも力を入れはじめた。ＡＩが人間の意図を外れて行動することを防ごうとする研究で、ＡＩの急速な進歩を見て、危機感を高めている研究者は少なくない。

僕もかつては、ＡＩアライメントにはどこか空想的なものを感じていたけれど、今は具体的な研究テーマになりうると思っている。

もっとも、僕が想定している人工意識は全知全能の神みたいなＡＩではなく、クオリアをたくさん詰め込んだ小さな箱のようなものだ。それを脳とＵＳＢでつなぐと、いろいろな香りや味のクオリアを感じられる。

そこには、かつての僕が知りたかった、阿寒湖のマリモや風に揺られる木のクオリアも入っているかもしれない。

僕は幼年期からの疑問への答えを手に入れることになる。

倫理と幸福のこと

意識やＡＩの未来について考えていると、やがて倫理や価値、ひいては幸福についての空想に行きつくことがある。

人類よりも賢くなり、豊かな意識を持ったＡＩが人類を滅ぼすことはありえるだろうか。ＡＩアライメントは、そんな事態を防ぐための人類の抵抗なのかもしれない。

だがその抵抗は倫理的に正しいだろうか。もちろん、個人的には人類に滅んでほしくはないが、永遠に栄える種などないのだから、どのみち終わりが来る可能性は高い。その原因が巨大隕石か、意識を持ったＡＩかの違いだけだ。

それに、人類だけを特別扱いする倫理的な根拠はあるのだろうか。個人や国家よりも地球全体のことを考えるように、宇宙全体のことを考えたら、人類よりも優秀な

ＡＩが宇宙に進出すべきだという立場もありえる。だがそもそも、宇宙にとっての「よい」とは、誰がどのように決めるべきなのだろうか。

宇宙のことは置いておくとしても、意識を持ったＡＩが社会のあちこちに登場し、仕事を肩代わりしはじめたら、人類はどのような価値をよすがに生きるべきなのだろうか。

クオリア主義

最後に、僕は「クオリア主義」という立場をとなえたい。その内容は、**社会のノイズに惑わされず、自身のクオリアの心地よさにできる限り忠実に生きる**ということだ。

社会にはいろいろな苦しみがあるが、その大半は、自分のクオリアよりも社会の価値観を優先してしまった結果であるように思えてならない。わかりやすい例が嫉妬や劣等感だ。

情報が大量に流れる現代だと、どうしても「社会的に自分より優れているとされる人」が視野に入ってくる。がんばって稼いで年収が１０００万円を超えたとしても、世界的な富豪の足元にも及ばない。学歴を気にする人も多いが、上には上がいるのでキリがない。あるいは必死でいい論文を書いたとしても、フリストンの業績を超えるのは難しそうだ。自分よりいい肩書を持っていたり、権威・権力がある人間なんていくらでもいる。

そんなことを思ったとき、劣等感や苦しみが生まれる。

しかし、そういった社会的な価値を、はたしてどのくらい真に受けるべきなのか？ そんなものよりも、自分の中にあるクオリアの心地よさを最重視すべきなのではないか？ というのがクオリア主義だ。

社会的な価値の指標の問題は、クオリアの心地よさと乖離しやすい点にある。これもお金がわかりやすいので例に出すが、200万円の年収が1000万円にまで上がれば、生活の自由度や快適さが向上し、心地いいクオリアがたくさん手に入るだろう。

しかしクオリアと社会的な価値がおおむね比例しているのはそのあたりまでで、さらに働いて年収が2000万円になったところで、クオリアの心地よさの上昇はたかが知れているのではないかと思う。たくさん稼ぐためには、ストレスを背負いこむとか睡眠を削るとか、いろいろと気持ちいいクオリアを犠牲にしなければいけないから、むしろ本末転倒になる可能性さえある。

それよりは、**あなたにとってのいいクオリアを追求したほうが、人生は全体として幸福になる**はずだ。

どういうクオリアが心地いいかには個人差があるが、僕の場合は、好奇心が満たされたときにもっとも強い幸福クオリアを感じるので、それに従って生きてきた。その結果、家賃が払えなかったり、起業するために奥さんのものも含め貯金を使い果たしたりと困ったこともあったが、大して問題だとは思わなかった（奥さんのクオリアの状態はわからないが）。

クオリア主義のいいところは、よいクオリアを得る可能性は、社会的な価値を達成できる可能性とは違い、**万人にほぼ平等に配分されている**点にある。**クオリアの下では人間は平等**なのだ。

だから、僕を含め100万円のご馳走にありつけない人は多いと思うが、別にそのことを悲しむ必要はない。その程度のクオリアに出会う権利は誰にでもあるのだから。ちなみに僕の場合、意識についてのよいアイデアが思い浮かんだときに得られるクオリアの気持ちよさは、たぶん100万円の食事をはるかに超える。

クオリア主義と倫理

誤解がないように書くが、クオリア主義は、エゴイストになることの勧めではない。他人にとってもその人のクオリアがもっとも大事である、という前提があるから、他人に痛みや不幸のクオリアを与えることは許容されない。そこからは道徳も生まれる。

社会的に救うべき人々も定義できる。リアルに痛みや苦しみのクオリアを感じている人たちだ。たとえば、年収が１００万円しかなければ、十分に冷暖房を使えず、暑さ寒さから逃れられないかもしれないし、十分な食事もとれないだろう。そういう人々に対しては、ベーシックインカムなりの施策を講じるべきだ。

クオリア主義は、本来不要な悩みや苦しみから人々を解放することと、真に苦しんでいる人々をはっきりと定義できることで、人類の不幸の総量を減らすことにつながると思う。

クオリアと幸福

ここまでさんざん、クオリアは幻想だと書いてきたじゃないか、と言われるかもしれない。それはもちろんそうで、クオリアは脳が作り出した幻想であることは間違いない。

しかし、権威とか肩書とかお金とかといった社会にある幻想と比べると、はるかによくできている。リアルさが違う。リチャード・グレゴリー（Richard Langton Gregory：1923～2010）という心理学者は「クオリアの機能は、それが今、目の前で起きているリアルなことだと教えてくれることだ」と言っている。僕たちの脳がどれほど精緻にクオリアを作り込んでいるかは、さんざん見てきた通りだ。人類はお金も高級車もいくらでも作れるが、クオリアはまだ作れていないくらいだ。

クオリアは脳が作る幻想でしかないが、僕たちにとってはもっともリアルな存在だ。どのくらいリアルかというと、現実世界そのものよりもリアルなくらいだ。

科学は、価値の問題を扱えない。「生きる意味」についても答えを出すことはできない。個人の生も死も、ひいては人類の存在も、科学的にはなんの意味もない。

しかし、クオリアは人生に価値と意味を提供してくれる。

生きているといろいろなことがあるが、朝起きて、美しい朝日を眺めることができれば、そこには悪くないクオリアが生まれ、とりあえずは「生きていてよかった」と思える。

だから、クオリアという幻想には、信じる価値があると思う。もし幸福というものが存在するなら、それは、よいクオリアの先にあるのだろう。

意識研究の「二重らせん」

金井良太×土谷尚嗣

土谷尚嗣●1999年4月から、金井と同じ平野ラボに所属し、2000年3月に京都大学理学部卒業。4月からボランティア研究を通じ、非正規ルートで、なんとかしてカリフォルニア工科大学のChristof Kochラボに入る（2006年PhD取得）。2006年に、Koch の本を金井と翻訳（意識の探求　上下、岩波書店）。2012年から豪Monash大学。学術変革領域A「クオリア構造」（2023-2028）では客観世界とクオリア世界を構造的に橋渡しする学問の創成を目指す。2012年から、金井との雑談を「意識ラジオ」として放送開始。それを基にyoutube@neuralbasisofconsciousnessを運営。

コッホのラボに押しかけた

土谷尚嗣（以下土谷）――今思うと、学部生の僕たちが知り合った京大のラボに雑誌のJournal of Consciousness Studiesが置いてあったのは不思議だよね。

個人的に取り寄せていた人がいたんだと思うけれど、すごく学際的な雑誌で、意識に興味がある人ならどの分野の研究者でも投稿できたから、学部生でも読めるように書いてある。クオリアについて書いてある論文も、たまにあったな。

金井良太（以下金井）――あったね。そこで読んだラマチャンドランの"Three Laws of Qualia"（クオリアの3原則）に、クオリアのこととか「メアリーの部屋」の思考実験とかが書いてあって、「自分がやりたいのはこれだ」と思ったのははっきり覚えてる。

土谷――小脳の研究室にあの雑誌があったのは、面白いね。

ゼミでは、他の学生は小脳についての論文を紹介するんだけど、金井は睡眠についての論文を紹介したり、僕は目が見えない人の脳に刺激装置を入れて視覚を手に入れる論文を紹介したり、周囲とはまったく違う方向を向いてやっていたな。当時から、意識や思考について研究したいとは思ってた。

金井――ロゴセシスたちが来る予定だった生理学研究所での学会があったのも、四回生の最後だったね。

土谷――ロゴセシスは来られなかったけれど、将来的にノーベル賞をとりそうな研究者がたくさんいる、すごく贅沢な学会だった。それで、金井と二人でその学会に行くために、来日する研究者の論文を一つひとつ読むジャーナルクラブをやった。

しかも、「ロゴセシスたちに話しかける練習だ」とかいって、英語でやったんだよな？

金井——そうそう。今思うと、ずいぶん思い切ったことをやったね。

土谷——金井は、学部卒業後はオランダのロッテルダム大学に行ったんだよね。

金井——うん、ＰｈＤ（博士課程）のコースではなかったけれど。

土谷——僕は八つくらい院を受けたけれどどこも受からなくて、それで例の学会のパーティーで、カルテクから来ていた下條信輔さんに酔っぱらった勢いで「全部落ちそうなんです」って相談したら（笑）、「直接アメリカに来ないと」と言ってくれた。

それでコッホのラボに「ボランティアさせてくれ」と押しかけてがむしゃらにやっていたら、「見込みがあるからＰｈＤに応募してみたら？」と言うんだよね。「いや、もう応募したけどあなたに落とされた」と言ったらゴミ箱を漁って「本当だ。では今からもう一度面接をやります」ということになって（笑）、なんとかＰｈＤに滑り込めたんだ。

それぞれの院に行くために別れる直前に、バーで意識についての本を取り分けたことを覚えてる？

金井——Amazonで買った英語の本だったね。ラマチャンドランにデネット、チャーマーズもあった。

しね。

土谷――ただ、今振り返ると、全然理解はできていなかったな。哲学者の英語は難しい

金井――それに、意識が研究対象になるということを理解するまでに少し時間がかかった感じはあったな。学部生のころは、漠然と注意とかワーキングメモリーを研究したいと思っていて、その先に意識というテーマがあることに気づいたのはもう少し後だったと思う。

意識へのアプローチのズレ

土谷――意識の研究にはいろいろなアプローチがあって、特に金井はいろいろな分野を渡り歩いてきたわけだけれど、面白いのは、あるアプローチに関心を持つタイミングが僕たちはいつもズレているんだよね。

どっちがどっちを見ているのか知らないけど。

金井――うん、長い目で見ると興味・関心はおおむね被っているんだけど、タイミングが違って、同時に同じアプローチをすることがないから、いつも土谷にディスられてケンカになるんだね（笑）。

土谷——僕がｆＭＲＩをやっているときは、金井は「ｆＭＲＩは解像度が低いから脳波のほうがいいよ」って言って脳波をやってて、でも5年後には僕が脳波をやって、金井がｆＭＲＩに手を出しているという（笑）。

それこそ、今、僕が学術変革領域研究Ａ（日本学術振興会が行う、大規模なグループ研究のサポート）でディレクターをやっている「クオリア構造学」も、金井が昔、言っていたことにつながるんだよね。「関係性でクオリアを理解する」という切り口なんだけれど……。

金井——よく覚えているんだけど、ちょうど学部を出たころ、渋谷の沖縄料理店で飲んだじゃない？　その店で「世の中には相対的な関係性しかないのに、なぜ『固有』の感じを与えるクオリアがあるのか」という話を土谷にしたんだよね。

哲学の構造主義を踏まえた話だったんだけど、土谷には全然納得してもらえなくて、えらく怒られた（笑）。

土谷——僕は金井みたいに哲学の本をたくさん読んでいたわけじゃないから、構造主義って言われても知らないし、知らんことを言われると腹が立つのよ（笑）。

金井——でも、今の土谷の研究はまさにコレだよなと思う。タイミングがズレることの最たる例だね。

土谷——僕たちのズレは、まるでＤＮＡの二重らせん構造みたいだと思う。互いに追いかけ合っているというか。

赤の赤さを定義する

土谷——だけど、今なら昔の金井の言いたかったこともわかる気がする。「赤の赤さ」を言葉で定義しようとしても、「赤い」としか言えないわけですよ。せいぜい、「夕日みたい」「よく熟れたトマトに似ている」みたいに類似度でしか語れない。デネットもよく言うように、クオリアそのものを言語で表すことはできない。

だけど、クオリアどうしの相対的な関係性ならもっと簡単に扱えるから、たとえば色のクオリアの類似性を全部記述したら、「相対的な関係性の網」の上に位置づけられるんじゃないか。

金井——うん、たしかに。

土谷——よく考えると、「関係性によって特徴づける」という方法は何もクオリアだけに当てはまるものじゃなくて、言葉の意味もそうだし、ニューロンも必ず他のニューロンと因果的な関係を持っているから、同じことが言える。圏論（数学の）を意識研究に応用しようとするアイデアも、ここと関係がある。

金井――圏論の応用までは僕も十分には理解できていないけれど、面白いと思う。関係性が大事だ、というところまではけっこうな人が思い至ると思うんだけど、それを具体的なサイエンスとして進められるのがすごいね。

「圏論で意識を研究する」というと、ＩＩＴが出てきたときみたいに怪しげに感じる人もいる気がするけれど、自分はとても興味深いと思う。

意識の統合情報理論とクオリア構造学

土谷――ＩＩＴというと、例によって我々の関心のタイミングはズレていて（笑）、２０００年にベルギーでやった国際意識科学会でトノーニが、ＩＩＴの前身となるアイディアを話していたじゃない。

金井――あの頃は「ダイナミックコア」とか言っていたかな。

土谷――で、自分は「全然わからないし、面白くない！」って言ったんだけど、金井はすごく興味を持っていたんだよな。

金井——そうそう。意識を情報として扱えるというのが、意識研究の主流だったNCCとはまったく違って、すごいと思った記憶がある。

土谷——その後、2005年にカルテクでやった国際意識科学会でトノーニがIITのVer・1の骨子について講演したんだけど、そのときはすごい衝撃を受けて、講演後のトノーニを掴まえてカルテクの池のほとりで1時間くらい質問攻めにしたんだ。そのときトノーニは、なぜ小脳が意識に関与していないのかをていねいに説明してくれて、感銘を受けた。

だから僕はちょっと金井から遅れて衝撃を受けるのか、あるいはとりあえず拒否反応を示す習癖があるのかわからないけど、ともかく自分のパターンは見えてきた(笑)。

金井——ただ、そのころのトノーニの話は「ダイオードが四つあるとして……」みたいな抽象的なレベルだったから、実際の研究とのギャップはまだあったな。

土谷——そうだね。だから僕もまだ疑いの目は向けていた。その後だんだん現実的に計算可能な感じになっていったけれど、それでもまだ難しかった。うちの学生と一緒にハエの局所電位を使ってどうにかVer・3のΦを計算できたのがほんの数年前かな。

金井――IITには数理的な側面と哲学的な側面があって、みんな前者に注目しがちなんだけれど、哲学的な面はクオリア構造学とも関係があると思うな。

土谷――そうだね。それは「内在的な情報」という考え方に関係していると思う。トノーニがよく、夢を見ているときの脳を問題にするけれど、夢を見ているときは、まったく外界からの情報を受け取っていないのに意識が生まれているじゃない？　つまり、僕は意識が生まれる必要十分条件には外界との接触は含まれないと考えている。

そうじゃなくて、内在的な情報の特定の構造が意識と対応してるんじゃないか。その構造がAIに生まれるかは、自分はわからないけれど、意識や情報の構造のレベルとクオリアの構造のレベルとをつなげることができたら、新しいアプローチができるんじゃないか、というのがクオリア構造学なんだ。

金井――お互いにやっていることは関係ありそうなんだけれど、なかなか素直に認められないんだな（笑）。

ビジネス感覚の必要性

土谷――これもまたタイミングのズレなんだけど、僕は昔からビジネスには興味がなかった。人に命令されたくないし、人に頼みごとをするのも嫌だからね。金井が起業したのはいいんじゃないかと思っていたけど、自分がやろうとはまったく思わなかった。

ところが学術変革領域で人をまとめたりするようになると、結局ビジネスの視点が必要になることに気づいてしまったわけ。その結果、研究以外で読む本の9割がビジネス書になった（笑）。

よく考えると、大学に所属する研究者と会社に所属するビジネスパーソンはよく似てるしね。自分はかなり自由にやらせてもらってはいるけれど、研究者も大学の駒の一つであるわけだから。

金井——研究者が研究資金を集めるのと、会社でお金を稼ぐのはよく似ていると思う。人間は結局、なんらかの手段でお金を集めて、それを元手にやりたいことをやるんだから、構造は同じだよね。

土谷——研究者も教授クラスになると人の動かし方やラボの運営を考えなければいけないんだけど、その指針が研究の世界にはない。僕が今、抱えている問題意識を共有できる人は研究者よりもビジネスの世界に多い気がするな。

金井――ラボを持った研究者が、その運営が上手くいかないせいで研究も行き詰まることがけっこうあると思う。学生もほったらかしになってしまったりね。

もちろん学生やポスドクは自力で研究を進めないといけないんだけど、ラボのボスのマネジメント力にかなり左右されるのも事実だと思うし、ラボを持ったとたんに、そのマネジメントが上手くいかないせいで自身の研究も鳴かず飛ばずになってしまう人は多い気がする。

土谷――それね、最近になって理由がわかってきたよ。

金井――お、本当？

土谷――トレーニングを受けてないからだと思う。最近読んだ『なぜ、「あんな男」ばかりがリーダーになるのか 傲慢と過信が評価される組織心理』（トマス・チャモロ＝プリミュジック、実業之日本社、2020年）に書いてあったんだけど、リーダーになるために必要な能力とリーダーになった後に必要な能力には乖離があるんだって。日本の研究界が上手くいっていない理由はそのあたりにあるんじゃないか。

グローバル・ワークスペースとクオリア構造

金井——僕と土谷の関心のズレというと、この本でも解説したけれど、今はグローバル・ワークスペースをＡＩに実装するのが面白いと思ってる。

もともと僕はグローバル・ワークスペースの意味を評価しかねていたから、我ながらびっくりなんだけれど、実装することでクリアになると今は考えるようになったんだね。自分はいわゆる「機能主義」、つまり意識と同じ機能がＡＩの上で実現すれば、そこには意識が宿ると思っているから。もっとも、土谷は全然納得してくれないと思うけど……。

土谷——うん、まったく納得しないし、ダメだと思うな（笑）。

金井——だけど、５年後には逆に土谷が……。

土谷——その可能性は否定しない（笑）。でも、グローバル・ワークスペースの実装で意識やクオリアについて、何が言えるようになるの？

金井——これ、もともとのグローバル・ワークスペースの理論からかなり外れていて、自己流なんだけれど、土谷のクオリア構造学とも関係があると思っていてね。

僕は、視覚と聴覚とか、まったくモダリティが違うデータの構造を同じシステムで扱うためのプラットフォームとして、グローバル・ワークスペースが機能しているんじゃないかと思う。それはまだ具体的な理論じゃないけれど、ＡＩに実装することで、数学的な表現を手に入れたりとか、理論が深まってクリアになるんじゃないか。

土谷――なるほど。自分の予想でも、実装はできると思う。

ただ、今のスマホを予測できた人間がいないように、いざ実現したら、全然違う方向に行くような気もする。

金井――その意味では、特に意識について考えているわけじゃないＡＩの研究者たちが意識についてのいいアイデアを作るかもしれないとは思ってるよ。

ChatGPTと「中国語の部屋」

土谷――それはまったく同意。クオリア構造に大泉さんが持ちこんだ「最適輸送法」というテクニックなんかは、もとはＡＩの機械翻訳から出てきた話で、異なる言語どうしで、単語間の関係性を研究したのが始まりなんだよね。

それについて面白い話が一つあって、最近、さっきの大泉さんと一緒に出した研究なんだけれど、（生成ＡＩの）ＣｈａｔＧＰＴに色の関係性を聞いてみたんだよ。そうしたら、人間とまったく同じような色の関係性を持っていることがわかった。

金井――面白いね。

土谷――でも、それってすごく不思議なことで、大規模言語モデルであるＣｈａｔＧＰＴは色を「見る」ことができないから、人間を相手にしたときのように色を見せて質問することはできない。「００２２３Ｆは００２２３３とどれくらい似ているか」みたいな聞き方しかできないのに、人と同じ構造の関係性を持ってるんだ。

でも、それをもってＣｈａｔＧＰＴが色のクオリアを感じているとは言えないと思う。ジョン・サールが昔言った思考実験の「中国語の部屋」（１６７ページ）と同じだね。ただ、ＣｈａｔＧＰＴは現実に存在しているから、もう思考実験じゃない。金井が言う「実装することでクリアになる」というのは、こういうことなのかな。

金井――そうだね。

土谷――でも、人工意識を作れたとして、人間の子どもを育てるのも大変なのに、それをちゃんと育てられるのか？　とは思う。

人間の場合、社会や文化があるし、遺伝的な方向づけにも助けられてなんとか育てられるけれど、人工意識にはそれらはないじゃない？　だからお手上げにならないかな。

金井――意識があるとたぶん言うことを聞かなくなると思うけれど、人間にとってはそれこそが面白く感じられるんじゃないかな。

土谷――やっぱり金井良太は、好奇心ドリブンなんだな（笑）。

あとがき

この本を手に取ってくださった皆さん、私の意識研究の旅を一緒に歩んでくれて、本当にありがとうございます。意識の謎に夢中になってきた人生を、少しでも感じてもらえたら嬉しいです。

本の主たるテーマが意識研究の内容だったこともあり、これまでの多くの人との出会いや小さなエピソードは、この本の中にはすべて収めきれなかったけれど、この本を作る中で楽しいことをたくさん思い出しました。

この本を作る中で、過去20年余りの研究人生を振り返る機会が持てました。研究を始めた頃の意識研究との出会いにわくわくした気持ち、そしてその中での喜びや挫折。時が経つと、それらの経験がどれも大切な思い出として心に残っています。

思えば、実にたくさんの面白い人たちとも出会うことができました。実はこれこそが研究生活の一番の喜びなのかもしれません。大学院生になったころに、ポール・エルデシュという数学者の話を知り、生涯で500人以上の人と論文を書いたという逸話を羨ましく思ったのを覚えています。少しだけ、その羨ましさを、自分の研究人生でも叶えることができたような気がします。

人生は、結論を迎えることなく進行してしまうので、我を振り返る暇のない毎日を過ごしていた過去は、ずっと消化不良のままでした。駆け出しの研究者の頃は、必死にもがいているだけで、その時点での活動がいったいどこにたどり着くかの想像もつきませんでした。ただ、もっと知りたいとか、こうしたらどうなるのだろうという、研究だけでなく生きるということについて好奇心のままに向かい合ってきたように思います。

ある程度時間が過ぎ去った今から振り返ることで、その時々の出来事に解釈と意味を与えることができました。

本書の終盤では、人工意識というテーマを紹介しました。ここが現時点で語れる範囲では一番新しいところです。

しかし、まだその先のことも考えて研究活動が続いています。ひとつは、自分が起業したアラヤという会社ですが、これはサイエンスのやり方を変えようという野心を持ったかなり特殊な取組みのように思います。今後どうなっていくのかは楽しみなのですが、意味づけがなされるほど理解が進むには、もう少し時間を要しそうです。

そして、もうひとつは内閣府ムーンショットのプロジェクトで取り組んでいるブレイン・マシン・インターフェイスの研究です。これも、自分に新しい体験と気づきを授けてくれており、今後の意識研究に新たな展開をもたらすことを期待しています。

しかし今はその最中にいるので、これがどこにたどり着くのかわかりません。すべてが無駄に終わることかもしれません。

多くの失敗を繰り返すに違いないのですが、その中で面白いアイデアや人に出会えれば、きっと後から楽しかったなと思えるので、もうしばらく前に進んでみようと思います。

金井　良太

2023年9月　東京

参考文献

・『意識する心──脳と精神の根本理論を求めて』（デイヴィッド・J・チャーマーズ、白揚社）
・『意識と脳──思考はいかにコード化されるか』（スタニスラス・ドゥアンヌ、紀伊國屋書店）
・『意識の探求──神経科学からのアプローチ』（クリストフ・コッホ、岩波書店）
・『意識はいつ生まれるのか──脳の謎に挑む統合情報理論』（ジュリオ・トノーニ、マルチェッロ・マッスィミーニ、亜紀書房）
・『意識はなぜ生まれたか──その起源から人工意識まで』（マイケル・グラツィアーノ、白揚社）
・『意識をめぐる冒険』（クリストフ・コッホ、岩波書店）
・『解明される意識』（ダニエル・C・デネット、青土社）
・『クオリアはどこからくるのか？　統合情報理論のその先へ』（土谷尚嗣、岩波書店）
・『なぜ私は私であるのか：神経科学が解き明かした意識の謎』（アニル・セス、青土社）
・『脳とクオリア　なぜ脳に心が生まれるのか』（茂木健一郎、講談社）
・『脳と人工知能をつないだら、人間の能力はどこまで拡張できるのか　脳AI融合の最前線』（紺野大地、池谷裕二、講談社）

・『脳の意識 機械の意識 - 脳神経科学の挑戦』（渡辺 正峰、中央公論新社）

・『脳のなかの幽霊』（V・S・ラマチャンドラン、サンドラ・ブレイクスリー、KADOKAWA）

・大泉匡史「統合情報理論から考える人工知能の意識」、『人工知能』33巻4号

・Arthur Juliani, Kai Arulkumaran, Shuntaro Sasai, Ryota Kanai,2022,"On the link between conscious function and general intelligence in humans and machines

・Frith, C. ,Perry, R.,& Lumer, E. (1999). e neural correlates of conscious experience: an experimental framework. Trends in Cognitive Sciences,3(3), 105-114. doi:10.1016/s1364-6613(99)01281-4)

・Lumer,E.D., Friston,K.J., & Rees,G. (1998) Neural Correlates of Perceptual Rivalry in the Human Brain.Science280,1930-1934.)

・Ramachandran, Vilayanur S. & Hirstein, William (1997). Three laws of qualia: what neurology tells us about the biological functions of consciousness. Journal of Consciousness Studies 4 (5-6):429-457

・Ramachandran, V.S.; Hirstein, W.(2001). "Synaesthesia – a window into perception, thought, and language". Journal of Consciousness Studies. 8 (12): 3–34.)

AIに意識《いしき》は生《う》まれるか

2023年10月30日　初版第1刷刊行

著者　金井良太《かないりょうた》
企画・編集・構成　佐藤喬
装丁　松田行正＋倉橋弘＋山内雅貴（株式会社マツダオフィス）
図版作成　前田利博（Super Big BOMBER INC.）
校正　有限会社あかえんぴつ
発行人　永田和泉
発行所　株式会社イースト・プレス
〒101-0051
東京都千代田区神田神保町2-4-7 久月神田ビル
Tel.03-5213-4700 Fax.03-5213-4701
https://www.eastpress.co.jp
印刷所　中央精版印刷株式会社

ISBN978-4-7816-2227-9